브런치스토리 작가 '이레언니'의 에세이

이혼 후, 다시 웃다

소복소복

엄마의 글

독자분들에게

　전하고 싶은 말이 있어 책의 시작에 두렵고 떨리는 마음으로 제 글을 더해봅니다. 저는 저자의 엄마입니다. 처음 딸아이가 자신의 이혼을 주제로 책을 쓴다고 했을 때, 자칫 그 일이 하나님의 영광을 가리거나 읽는 분들의 마음을 어지르진 않을지 염려됐습니다. 사실 다른 무엇보다 '딸아이가 자신의 상처를 들춰내며 혹여나 상처받진 않을까, "무슨 자랑이냐?"는 세상의 따가운 시선과 비방으로 괜스레 낙심하진 않을까' 하는 걱정이 앞섰기에 동의하는 것이 쉽지 않았습니다. 다시 생각해보라며 반대하기도 했습니다.

　그럼에도 글을 쓰면서 활기를 되찾고 기도로 든든히 서가는 딸이, 한 해 동안 두 번의 큰 수술을 겪는 와중에도 꿈을 꾸는 딸이 대견하기까지 했습니다. 자신의 아픔을 드러내어 같은 일을 겪고 힘들어하는 사람들에게 힘과 위로가 되어주려는 모습, 더불어 크리스천으로서 이혼이 크나큰 죄라는 죄책감에 시달리며 하나님을 떠나기까지 하는 분들에게 "아니에요. 하나님은 당신을 사랑하고 있어요."라고 전하는 그 마음을 보며 이제는 딸을 응원하는 1호팬이 되기로 했습니다.

저도 이혼을 겪었지만, 헤어짐의 아픔과 그 아픔을 이겨내고 성장하는 과정이 그리 쉽거나 아름답지만은 않습니다. 때로는 글로 적힌 표현이 거칠 수도 있고, 딸아이의 입장에 치중되어 있기에 불편함을 느끼시는 분도 있을 겁니다.

한 분, 한 분의 손을 잡고 부탁드릴 수는 없겠으나, 부디 너른 마음으로 읽어주세요. 누군가에게는 이해와 공감이, 또 누군가에게는 위로와 힘이 되는 책이 되길 간절히 바랍니다.

그리고 나의 전부, 사랑하는 딸에게

올 한 해는 우리에게 칠흑같이 어두운 시간들이었던 것 같아. 이혼으로, 수술로, 퇴사로 이어지는 예상치 못한 일들로 무척 힘들어하는 너를 볼 때마다 엄마 마음은 찢어지곤 했어. 늘 네가 아프지 않길, 행복하길 간절히 바랐었는데...

'더 사랑해줄걸, 한 번 더 안아주고, 한 번 더 귀기울여줄걸' 하는 후회가 가득할 때마다 네가 엄마보다 더 나은 삶을 살길 바라면서 새벽을 깨우며 기도하고 또 기도했단다. 그건 지금도, 앞으로의 나날도 마찬가지일 거야.

네가 엄마에게 하나밖에 없는 최고의 딸인 것처럼, 공주에게 밝게 웃는 최고의 엄마가 되어주렴.

엄마는 너의 1호팬이 될게. 언제나 사랑하고 응원한다.

엄마의 글

프롤로그
인간은 한 치 앞을 못 본다

1부 고쳐 쓸 수 없는 마음

모래 위에 세운 가정 · 10

착한 아이, 그리고 엄마 · 19

아무도 모른다 · 29

내 남편을 향한 신앙심 · 37

반대가 끌리는 이유 · 46

내 삶의 한 줄기 빛 · 56

삶은 개구리 증후군 · 69

내 아들이 최고야 · 79

베스트 드라이버 · 90

이기적 호시절 · 100

검은 머리가 파뿌리가 되면 · 106

숨막히는 명절 · 118

예고도 없이 찾아온 · 129

방귀 뀐 놈이 성낸다 · 139

고쳐 쓸 수 없는 마음 · 144

에필로그
굳이 말하지 않은 것

작가의 말

2부 막장 드라마

작은 알약에 내 목숨을 맡겼다 · 156

판도라의 상자 · 162

절박한 이혼 프러포즈 · 170

싱크대 위의 꽃 · 178

그래도 밥은 줘야지 · 185

발칙한 며느리 · 192

진흙탕 싸움 · 197

막장 드라마 · 203

3부 더할 나위 없이 좋다

회복 탄력성 · 210

이혼 커밍아웃 · 218

넌 나의 행복이야 · 226

전남편과의 육아전쟁 · 232

나는 나비 · 241

더할 나위 없이 좋다 · 249

〈프롤로그〉

인간은
한 치 앞을 못 본다

"나는 엄마처럼 실패한 결혼, 하고 싶지 않아."

스물다섯에 4.3kg의 아이를 낳은 엄마가 쉰다섯이 된 그해, 그녀에게 말했다. 엄마는 동정심에 결혼을 선택했노라 했다. 그녀가 동정했던 남편은 안타깝게도 가정에 관심이 없었다. 무능력했고 무기력했다. 아이의 분유값을 벌기 위해 억지로 내쫓겨간 공장에서 손가락 하나를 잃은 아이의 아빠는 그 원망을 자기 부인에게 쏟아냈다. 그렇게 10년을 오롯이 아이를 위해 버텼던 그녀는 결국 이별을 택했다. 겨우 마련한 100만 원 남짓한 돈을 들고 나와 온갖 일을 하며 아이를 지켜냈다. 무능력한 남편에게서 얻은 첫 아이였으며, 그녀가 품었던 세 아이 중 유일하게 살아남아 세상에 태어난 아이였다. 그녀는 그 아이를 어떠한 방법으로든 지켜야만 했다. 그래서였을까? 아이의 아빠에게서 도망치듯 나온 2년 뒤,

그녀는 아이에게 새로운 아빠를 선물했다.

그런 그녀에게, 다 커버린 아이는 '엄마의 결혼은 실패한 결혼이었노라'며 상처를 주었다. 새아빠, 엄마, 나는 겉으로 보기엔 꽤 단단한 가족이었지만 유년시절의 기억 때문인지 나에게 있어 결혼해서 가정을 꾸리는 일은 사치이며 두려움이었다.

연애를 시작하는 것은 어렵지 않았다. 하지만 어느 정도 시간이 지나고 나면 이유 모를 권태가 느껴졌고, 상대가 진지한 만남으로 이어나가려 하면 갖은 핑계로 만남을 정리하고 도망쳤다. 남편 같은 건 내 삶의 걸림돌이 될 수 있다고 생각하던 때였다. 나만의 꿈이 있었고, 나만을 위해 살기에는 풍족했다. 예민함과 까칠함은 뒤에 숨기고 그저 되는 대로 즐기며 살던 때, 그를 만났다.

처음은 과거의 연애들과 마찬가지로 쉬웠다. 시작이 쉬웠기에 끝도 쉬울 것이라 생각하며 그를 만났다. 하지만 그는 달랐다. 시종일관 진지했고 나를 이해하려 했다. 밑도 끝도 없이 나를 이해하는 통에 당혹스럽기도 했지만, 내 숨겨왔던 예민함과 까칠함이 드러날 때에도 그는 한결같이 나를 이해하려 했다.

내가 틀렸을 때에도 기다려주고 믿어주고 미안해하는 그가 좋다. 다소 속도감 있는 관계의 전개과정이 나조차도 '이게 맞나?' 싶지만 그와 있는 시간의 안정감과 평안함이 좋다. 죽으라면

인간은 한 치 앞을 못 본다

죽는 시늉도 할 줄 아는 그의 태도에 늘 감사하다. 내 주장을 펼치느라 늘 그의 이야기를 귀담아듣지 못할 때도 기다려주는 그의 인내심이 나에게 필요하다.

요즘 부쩍 닮았단 얘기를 듣는다. 같은 시간에 웃고 같은 곳을 바라본다. 다소 빠른 전개가 주변 사람들에게도 적잖이 당황스럽겠지만, "나 잘살 수 있다!" 호언장담하기보다 "재밌게 살아볼게, 축복해줄래?" 하고 애교를 부려본다.

남자가 결혼을 밀어붙이면, 여자는 자신도 모르는 사이 결혼 준비를 하고 있다던데 아무래도 내 얘기인 듯하다.

———

한 치 앞을 내다보지 못했던 나는 모바일 청첩장과 함께 위와 같은 글을 페이스북에 업로드하고 한 달 뒤 결혼했다. 나의 가정사를 드러내면서까지 결혼의 축복을 바라며 구구절절 떠들어대던 입은 결혼생활 1년이 채 되지 않은 시점에서 나불거리기를 멈췄고, 늘 호기심으로 생기가 가득했던 눈은 삶이 끝난 듯 초점을 잃었다.

1부 고쳐 쓸 수 없는 마음

모래 위에 세운
가정

그를 처음 알게 된 건 2016년 스윙댄스 동호회에서였는데, 당시 나는 동호회 운영진이었을 정도로 열심 회원이었다. 현재도 마찬가지겠지만, 그땐 서울에 다수의 스윙댄스 동호회가 존재했고, 스윙댄스를 추기 위해서는 각 동호회가 속해 있는 연습실에 가야 했다. 이러한 교류가 잦은 특징이 있다 보니 스윙댄스를 오래 춘 사람들이면 서로 안면이 있거나 친분이 꽤 있을 수밖에 없다. 나 또한 스윙댄스를 춘 지 5년쯤 되었을 때니까, 웬만한 스윙댄서들을 두루 알고 있었다. 그러다가 범동호회적 86년생 스윙댄서 모임이 있다는 것을 알게 되었고, 자연스레 그 모임에 합류했다. 그곳에 그가 있었다.

처음에는 다른 친구들과 똑같이 친구로 지냈다. 그는 사실 그닥 나에게 존재감이 없었다. 각기 다른 동호회에 소속된 동갑내

기들이 모여 있었기 때문에 사는 곳도 다르고, 일하는 곳도 달라서 다 같이 얼굴을 보기 위해 모이기가 쉽지 않았기에 우리의 주된 활동 장소는 온라인 채팅방, 이른바 '단톡방'이었다. 나는 단톡방을 주도하는 사람 중 하나였다. 대부분의 대화에 참여했고, 대화를 이끌어 나가기도 했다. 그 모임에 뒤늦게 합류했지만, 어느새 모임의 중심이 되어가고 있었다.

생각해보면 내 삶은 항상 그래왔던 것 같다. 어느 모임에서나 주목받았고, 사랑받는 데 익숙했다. 내 모난 모습은 철저하게 숨기고, 다른 사람들에게는 웃는 모습만 보이려고 애썼다. 그게 내가 살아가는 방식이었다.

어린 시절 엄마의 이혼으로 아무도 모르는 곳으로 엄마와 단둘이 떠나게 되었을 때, 나는 두려웠지만 내색하지 않았다. 나의 그 내색이 엄마까지 두렵게 할 것 같았고, 엄마의 두려움은 내가 버려질 수도 있는 근거가 될 거라고 생각했기 때문이다. 그래서 그때부터 웃기 시작했다. 웃어야만 살 수 있을 것 같았다.

친구관계가 삶의 중심이던 중고등학교 시절엔 나보다 친구를 생각하며 행동하는 것이 더 심해졌다. 내가 좀 힘들어도 내 친구가 즐겁다면 꽤 헌신했다. 내가 희생해서 상대를 웃게 할 수 있다면 그게 좋았다. 외로워도 슬퍼도 울지 않는 '들장미 소녀 캔디'

로 살아갔다. 친구들에게 내 가정사를 거리낌없이 얘기했고, 나와 같은 아픔을 가진 친구에게는 그런 가정에서 살아가는 방식을 알려주는 삶의 조력자가 되었다. 그러다 보니 선생님들도, 친구들도 나를 좋아해 주고 내 주변엔 많은 사람들이 몰려들었지만, 내 마음 한구석에는 늘 비어있는 어떤 자리가 있었다.

교회에서도 마찬가지였다. 엄마와 새로 자리잡은 삶의 터전에서 새아빠를 만나게 되었고, 내 이름에 새아빠의 성을 붙여 교회에 등록했다. 눈 가리고 아웅이었을까. 나와 같은 초등학교, 같은 교회를 다니는 어떤 아이로 인해 교회에서의 성과 학교에서의 성이 다른 점이 공공연하게 소문나기 시작했다. 결국 나는 여름성경학교 둘째 날 밤, 구석에 몰려 많은 친구들 앞에서 강제로 내 가정사에 대해 고백해야만 했다. 그 뒤 몇 년 동안은 은근히 따돌림을 당하기도 했지만, 그래도 나는 교회생활을 열심히 했다. 단 한 번도 교회를 빠지지 않았다. 주일 성수는 물론이고, 수요예배, 금요예배 또한 최선을 다해 참석했다. 학생부 때는 예배팀과 임원, 청년부 때는 회장을 역임했다. 그랬기에 교회에서도 항상 예쁨 받는 아이였다. 하지만 역시나 내 마음은 꽤 공허했다.

그렇게 누군가에게 예쁨 받고 사랑 받는 것이 익숙했지만, 나는 진정으로 누군가를 사랑하는 방법은 몰랐던 것 같다. 진정한 사랑을 모른다는 것, 그것이 내 공허함의 이유였다. 내가 헌신하고 잘해줘서 상대가 기뻐한다면 그것이 사랑이라고 생각했고, 그렇게 하면 조금이라도 내 헛헛함이 채워지는 듯했다. 내 예민함과 까칠한 성격의 저변은 숨기고, 괜찮은 면들만 보여주고 싶었다. 그래서 그런 면들이 드러나게 될 때쯤엔 두려움을 느끼고 헤어져 버리는 연애를 해왔다. 덕분에 대부분 1년을 넘기기 못하고 헤어졌다.

물론 꽤 길게 연애했던 남자도 있었는데 바로 나의 첫사랑이다. 나보다 한 살 아래의 신학생이었던 그와는 CCC(한국대학생선교회)에서 만났다. 연애가 금지된 캠퍼스 선교단체였으니 참 아이러니한 만남이었다. 그는 나에게 헌신적이었고, 나 또한 그랬다. 서로에 대한 배려가 있었다. 내 밑바닥을 보여줘도 괜찮다고 생각했고, 나도 그의 끝을 봤으나 좋았다. 하지만 그와의 연은 거기까지였다.

그 후의 연애는 만나는 족족 내게 받기만을 원했던 남자들이 대부분이었다. 나는 내가 해왔던 방식대로 주는 방식의 사랑을 취했고, 그들은 익숙해져 갔다. 그러다 보면 결국 나는 지쳤고 끝은 암담했다. 연애가 끝날 때마다 다 사랑을 할 줄 모르는 내 문제라고 결론지었다.

결혼하고 싶지 않다는 마음은 거의 항상 있었다. 언젠가 멍하니 페이스북을 뒤적이다가 이런 글을 봤다. 그때, 내 나이 서른하나였다.

"… 저 나이 서른 꽉 채워 드디어 결혼합니다."

모래 위에 세운 가정

'나이라는 것이 꽉 채워지기도 하나? 드디어 결혼이라니, 결혼은 드디어 하는 것이 아닌데...'라는 생각과 함께 꽉 채워진 서른보다도 한 살이 많은 나로서는 저 문장이 여간 거슬리는 게 아니었다.

사실 남들이 다 부럽다는 선생님이 되기 위해 공부했고 결국 선생님이 되었지만, 나의 꿈 때문에 새로운 길을 향해 새로운 공부를 하는 내가 기준미달의 삶을 사는 것처럼 느껴지는 문장이기 때문이었다. 특히나 그 당시 부모님이 자주 TV 육아 예능 프로그램을 틀어놓고 계시는 것이 나에게 보내는 무언의 압박으로 느껴지기까지 했으니까 말이다. 그래서 그 즉시 워킹홀리데이 홈페이지를 뒤적거리다가 부다페스트의 한인학교 교사 모집공고를 보고 홀린 듯이 워킹홀리데이를 신청했다. 보자마자 다른 생각은 일절 하지 않고 저지른 일이었다. 결국 이미 채용된 사람이 있다는 답장에 부다페스트 행은 생각보다 빠르게 좌절되었지만... 내 이력서를 꼭 갖고 있겠다는 말과 함께 채용기회가 생긴다면 나에게 먼저 연락을 주신다는 희망고문은 덤으로 말이다. 그땐 내 인생에 결혼이 없어도 꿈을 위해 자꾸 도전하는 내가 좋았고, 고작 서른이기 때문에 부단히 노력하며 살고 있는 내 모습에 내 스스로 반하기도 했었다.

서른둘이 되자 그 마음이 조금씩 달라지기 시작했다. 주변 친구들이 하나둘씩 결혼하고 아이도 낳고 알콩달콩 사는 모습을 보자 조급해진 것이다. '나도 저렇게 살 수 있을까?' 사실 나는 성공한 결혼 사례를 가까이에서 본 적이 없어서 두려운 마음이 컸던 것 같다. 10살이 될 때까지 무기력하고 무능력한 아빠 밑에서 살았고, 나에게 한없이 잘해주시지만 다 큰 초등학생 딸이 생겨버린 총각 아빠가 서로에게 적응하기엔 꽤 오랜 세월이 필요했다. 결혼해서 가정을 이룬다는 것은 나에게 버거운 일로 여겨졌고, 결혼을 생각할 때마다 친아빠로 인해 힘들었던 과거의 삶들이 떠올랐기에 나는 '성실'에 모든 초점을 두었다. 내가 결혼을 하게 된다면 무조건 성실해서 가정을 무너뜨리지 않는 사람이어야 한다. 그 외의 것을 생각하지 못한 내가 지금에서야 후회한들 무슨 소용있겠냐마는…

    그날도 동호회 단톡방 알림소리가 아주 시끄럽게 울리던 날이었다. 연말이 다가오고 있었고, 거리의 분위기는 들떠 있었다. 친구들은 이번에는 꼭 86년생 모임을 해야 한다면서 송년이든 신년이든 다 같이 얼굴 좀 보자고 했다. 그렇게 약속이 잡히고, 그곳에서 그의 얼굴을 처음 봤다. 그는 단톡방에서 조용히 있는 타입이었기에 개별적으로 대화 한 번 나눠보지 않았던 터라 그날 처음 인사한 것이나 다름없었다. 그날 모임의 분위기는 활기찼다. 나는 주도적으로 대화를 이끌어나갔고, 모임의 중심에 있었다.

모래 위에 세운 가정

모든 일은 그 다음 날부터 시작됐다. 아침에 일어나 보니, 그에게서 개인 톡이 와 있었다. "어제 재미있었어."로 시작하는 식상한 문자는 모임에 들어온 지 얼마 되지 않았는데 사람들과도 잘 어울리는 것을 보니 성격이 엄청 좋은 것 같다는 등의 누가 봐도 '나 네게 관심있다.'는 내용이었다. 그래서 "응 그래. 고마워. 오늘 하루 잘 보내." 하고 답장하곤 휴대폰을 던져놓고 다시 잠들었다. 그날 이후 그에게서 계속 연락이 오기 시작했다.

그는 182cm의 평범한 외모에 같은 직장, 같은 부서에서 10년째 근무하고 있다고 했다. 같은 직장, 같은 부서에서 10년째 근무했다는 말에 '오, 꽤 성실한 사람이구나.'를 생각해버린 탓이었을까? 그 당시 '성실함'에 꽂혀 있던 뇌구조가 그에게 눈이 번쩍 뜨이게 했고, 그와 나의 관계는 급물살을 탔다. 그는 해외 출장을 자주 간다고 했는데 그 말을 들으니, 그와 결혼하게 되면 나에게 종종 공식적 자유가 주어진다는 생각이 들어 마음 한편이 설레었다.

사실 그에게는 평소 내가 바라던 배우자의 조건에 부합되지 않는 부분도 꽤 많았다. 먼저 그는 가톨릭 신자였다. 그가 성당에 열심히 다니는 것은 아니었지만, 그의 부모님은 성당에 열심히 다니셨고 가톨릭 신자인 며느리를 원하신다고 했다. 반면에 우리집은 3대째 크리스천 집안이고, 우리 엄마 또한 크리스천 사위를 원하고 있었다. 두 번째, 그는 흡연자였다. 물론 그는 끝까지 아니라고 우겼지만... 나는 냄새에 굉장히 예민한 편이라 냄새나는 것들을 기피하는 편인데, 특히나 담배냄새는 극도로 혐오하는 것 중에 하나였다. 그가 담배냄새를 어떻게 없애고 집에 들어온 것인지는 지금까지도 풀리지 않는 미스터리다. 세 번째, 그는 술을 좋아하는 사람이었다. 친한 친구들이 모두 술을 좋아했고, 친구들과 만나도 다른 것을 하기보다 술을 마셨다. 이제와 생각해보면 내가 왜 그땐 이런 부분들을 다 뒤로하고 그와 결혼했는지 의문이 든다. 그때의 나는 아주 제대로 눈앞이 가려진 사람처럼 '성실함'과 '공식적 자유'에 꽂혀 '이 사람 아니면 안 돼!' 했다.

옳지 못한 선택은 사람으로 하여금 그 선택을 합리화할 이유를 만들어내게 한다. 옳은 선택이면 굳이 합리화할 필요가 없다. 그렇지만 옳지 못한 선택은 스스로 옳지 못한 것을 알면서도 선택해야 하기 때문에, 또 내가 그것을 받아들이고 싶기 때문에 합리화시킬 이유를 찾게 한다. 그를 선택할 때도 마찬가지였다. 가톨릭 신자인 그와 종교적 갈등이 생길 것이 분명했기에 결혼 전 그에게 물었다. "나랑 같이 교회에 다닐 수 있겠어?" 그도 나를 선택해야 했기 때문에 그 당시에는 교회에 다니겠다고 대답했다. 그 대답이 어떤 의미인지도, 어떤 파장을 불러올지도 모른 채 우리는 옳지 못한 선택을 한 것이다. 담배도 마찬가지였다. 그는 담배를 끊겠노라 했지만 이혼을 하는 그 순간까지도 담배를 끊지 못했다. 술 역시도, 결혼생활 내내 우리에게 갈등을 야기하는 여러 이유들 중 하나가 되었다.

모래 위에 세운 가정

언젠가 예수님이 많은 사람들 앞에서 반석 위에 지은 집과 모래 위에 지은 집 비유의 말씀을 하신 것의 과학적 근거가 궁금해져 건축학을 전공한 친구에게 모래 위에 집을 지을 수 없는 이유를 물어본 적이 있다. 물론 더 자세하고 공학적인 이유가 있겠지만 우리가 이해하기 쉬운 말로 설명하자면, 모래들은 알갱이가 커서 물이 잘 빠진다. 그것을 다르게 말하면 입자 사이에 공기가 많다는 것인데, 이것은 단단한 땅이 아니라는 것을 의미한다. 더 쉽게 말해 이것은 집을 땅 위에 세우는 것이 아니라 집이 공기 위에 떠 있는 것과 같다고도 볼 수 있다. 그러면 지진 같은 흔들림에도 취약하게 되고, 구조물의 하중을 버틸 수 없어서 안정성에 문제가 생긴다.

내 결혼, 내 가정은 모래 위에 세워졌다. 불온전한 사랑의 모래 위에 얇디 얇은 신뢰의 기둥과 내 욕심의 서까래를 세우고 자기 합리화라는 지푸라기로 지붕을 덮었으니, 풍파에 견디지 못하고 흔들리고 흔들리다가 결국 무너지고 만 것이다.

착한 아이,
그리고 엄마

　　　　　엄마는 만삭의 배를 하고도 여름성경학교 교사 강습회를 가기 위해 출산 예정일보다 아이가 늦게 나오게 해달라고 기도할 정도로 믿음 좋은 성도였다. 하나님은 그 기도에 응답해주셨고, 출산일이 일주일 늦어졌다.

　　엄마가 날 임신한 당시, 산부인과 의사선생님은 나의 성별을 사내아이로 예견하셨다고 한다. 게다가 일주일이나 출산일이 늦어진 바람에 배 속의 아이는 커질 대로 커져 어마어마한 산통이 찾아왔지만, 엄마는 병원에 홀로 발걸음해야만 했다. 그렇게 엄마가 분만실에서 마주한 아이는 4.3kg의 건장한 '여자아이'였다. 의사선생님도 남자아이가 아닌 것에 의아해 했지만 말이다. 엄마는 미리 지어놓았던 이름 대신 새로운 이름을 나에게 지어주셨다.

　　배 속에서 열 달 동안 기도를 먹고 자란 나는 어렸을 때부터 집보다 교회에 있는 시간이 더 많았다. 때로는 교회 집사님들 손에 맡겨지기도 하고, 교회를 놀이터 삼아 놀기도 했다. 그렇게 이 사람, 저 사람 손에 맡겨졌던 덕분일까. 어릴 적 나는 비교적 순한 편이었다고 한다. 놀다가 졸리다며 엄마 곁에 와서 그저 잠들 정도로 손이 덜 가는 아이. (잠투정이 없다는 것이 얼마나 감사한 일인지 내가 엄마가 되어보니 알겠더라.)

어릴 적 우리집은 항상 북적북적했다. 시장 골목의 작은 비디오 대여점에 북적이던 그 인파가 모두 가게 손님이면 좋았을 것을 아쉽게도 대부분은 인심 좋은 엄마와 아빠를 찾아왔을 뿐이었다. 당시 우리집은 넉넉한 형편이 아니었다. 가게에 딸린 10평 남짓 단칸방, 화장실은 심지어 집 밖에 있는 그런 집에 엄마, 아빠, 나 세 식구가 살았다.

그 시절 나는 나의 가족이 정확히 몇 명인지 잘 몰랐다. 가끔 교회 사람들이 우리집에서 자고 가기도 하고, 큰아버지의 자녀들이 몇 달을 있다 가거나, 그 외의 손님들이 우리집에 드나드는 일들이 많았기에 그 모든 사람이 내 가족이겠거니 하며 살았던 것 같다. 엄마가 그들을 내쫓거나, 그들을 대접하는 데 소홀한 걸 본 적이 없었기에 '내 가족이겠거니'는 신빙성을 얻어갔다.

한 번은 엄마에게 불만을 토로한 적이 있다. "엄마, 방이 너무 좁아. 언니, 오빠들 좀 가라고 해. 언니, 오빠들은 집 없어?" 이 말을 했던 날은 교회 청년부 언니, 오빠들이 우리집에서 지낸 지

3일째 되던 날이었다. 언니, 오빠들이 교회에서 맡은 일을 해야 하는데 집이 멀어서 오고가기 불편하다며 엄마가 우리집에서 지내게 해준 것이었다. 그런 엄마가 야속하기도 하고, 눈치 없이 3일 밤낮을 청소 하나, 상차림 하나 돕질 않는 언니, 오빠들이 밉기도 하고. 고작 7살이었던 나에게 단칸방에서 쭈그려 자는 것은 꽤 버거운 일이었다. 사실 다 큰 후에야 알게 되었지만, 이런 일들은 무기력하고 무능력했지만 인심만은 좋고 싶었던 아빠가 사람들을 불러 모은 탓이었고, 엄마는 그것을 거절하지 않고 받아준 것뿐이었더라. 물론, 엄마의 자발적 오지랖이 어느 정도 작용하긴 했겠지만.

한 번은 큰아버지의 자녀들이 몇 달간 우리집에서 지낸 적도 있었는데, 나보다 한 살 어렸던 사촌동생이 엄마를 정말 너무 힘들게 했지만 정작 아빠는 그 상황을 나 몰라라 했고, 모든 뒤치다꺼리는 엄마의 몫이었다. 심지어 엄마가 너무 바빠 사촌동생에게 신경을 쓸 수 없던 찰나에 발생한 사고에 대한 책임까지도 말이다. 주인 아주머니 댁 장독대 뒤에서 큰아버지께 쓴소리를 듣던 엄마의 모습은 잊히지 않는다. 젊은 나이임에도 정수리가 휑하니 보이는 것이 내 마음 깊숙한 곳 사진처럼 남아 있다. 뭐 때문에 엄마는 머리를 조아려야 했던 걸까. 그날 밤, 잠든 내 머리칼을 쓸어넘기며 울음을 끝끝내 삼키던 엄마를 지켜주고 싶단 생각을 했다. 엄마가 잠든 것을 확인하고 나서야 잠든 척했던 것을 멈추고 가만

착한 아이, 그리고 엄마

히 살폈던 엄마의 얼굴은 푸석푸석하기만 했다.

　　엄마의 인생은 참 기구했다. 24살에 결혼하여, 25살에 나를 낳았다. 나는 24살에 대학을 졸업했는데... 엄마는 공부가 하고 싶었다고 했다. 하지만 육남매 중 다섯째인 엄마에게 공부는 사치였다. 어영부영 살다 결혼을 했고, 죽어라 고생만 했다.

　　나의 친아빠는 90년대 초, 그 당시 100만 원이 넘는 거금을 들여 등록한 운전면허 학원을 한 번 다녀온 후 심장이 두근거린다는 이유로 면허 따기를 포기했다. 환불해주지 않는다는 운전면허 학원의 엄포에 엄마는 반강제로 1종 운전면허를 취득하게 되었다. 90년대 초만 해도 여자가 1종 운전면허를 취득하는 것은 흔치 않은 일이었다. 엄마는 그렇게 취득한 면허로 생계를 이어갔다.

　　아빠가 장사도 안 되는 시장 골목의 비디오 가게에서 앉아만 있을 때 엄마는 동대문 새벽시장에서 속옷을 도매로 떼다가 평택이며, 송탄이며 길거리 노점을 열었다. 내 나이 6살, 엄마 나이 31살이었다. 나는 졸린 눈을 비비며 엄마를 따라 새벽시장에 가곤 했다. 그땐 새벽시장의 활기가 재밌었고, 반겨주는 시장 아주머니, 아저씨들이 있어 마냥 좋았는데 생각해보면 엄마의 고단함을 왜 몰랐을까 싶다. 엄마는 그렇게 새벽마다 물건을 떼고, 아침에 잠시 집에 들러 허겁지겁 식사를 한 후 장사하러 지방으로 갔다. 그 시간에 나는 유치원에 가야 했지만 유치원에서 돌아오면 아빠랑 단 둘이 집에 있는 것이 싫어 엄마를 따라나서곤 했다.

장사하는 엄마를 따라 지방에 도착하면 물건을 늘어놓고 호객행위를 한다. 장사가 잘될 때도 있지만, 갑작스레 나타난 단속반 때문에 후다닥 물건을 정리하여 도망쳐야 할 때도 있고, 소나비 때문에 물건이 젖을까 내 몸 젖는 것은 생각도 못하고 차에 물건을 욱여넣을 때도 있었다. 요즘도 종종 그 시절의 이야기를 엄마와 나누곤 한다. 그때의 나는 일종의 동료애로 엄마를 도우려 했던 마음이 있었다. 그래서 호기로운 의리로 똘똘 뭉쳐진 어린 시절의 나는 모든 것이 즐겁고 신났던 하나의 추억거리인데, 엄마에겐 차디찬 기억이라고 한다.

나는 더 어린 시절, 꽃시장에서 일하던 엄마를 추억할 수 있다. 나를 들쳐업고 지하철 1호선에 몸을 싣던 엄마의 따스한 등이 기억난다. 20대 후반의 엄마는 정말 꽃 같이 예뻤다. 그런 엄마의 손에는 상처가 많았는데, 종로 꽃시장에서 꽃을 다듬느라 생긴 상처들이다. 예쁜 꽃일수록 자신을 보호하기 위한 가시가 많다고 했던가. 그래서 어린 시절의 난 예쁜 엄마를 아프게 하는 예쁜 꽃이 싫었다. 엄마에게 업히지 않아도 될 만큼 컸을 땐, 노량진에서 용산으로 넘어가는 구간에서 창밖의 한강을 바라보는 것을 낙으로 삼았다. 매일 보는 한강이었지만 나에겐 늘 새로웠다. 엄마는 단

한 번도 한강을 보지 않았다. 한강이 싫어서였을까, 삶이 팍팍해서였을까. 어떤 것도 즐겁지 않아서였을까.

―

시간이 흐르고 흘러, 엄마는 지금의 새아빠를 만났다. 왜 아픈 기억은 어제 일어난 일처럼 또렷한 잔상을 남길까. 나에게 그 날이 그랬다.

그날 엄마는 집안 문제로 사람들의 뭇매를 모두 받아내고 있었다. 나는 그들이 볼 수 없는 방 한구석에 잔뜩 웅크리고 있었고, 손으로 아무리 막아보아도 끅끅거리는 소리가 입 밖으로 새어 나오며 눈물을 멈출 수 없는 지경에 이르기까지 얼마만큼의 시간이 흘렀는지 알 수 없었다. 세상의 모진 풍파 앞에서 엄마와 새아빠는 너무 착한 사람이었다. 멍청이처럼 듣지 않아도 될 말까지도 끝까지 듣고 있는 엄마, 아빠가 미웠다. 아빠의 가족들은 나와 우리 엄마를 미워했다. 지금 생각해보면, 아빠의 가족들은 충분히 그럴 수도 있었을 것 같다. 아빠는 단 한 번도 결혼하지 않은, 소위 말해 총각이었는데, 초등학교 6학년 딸을 둔 이혼녀와의 결혼을 강행했으니 그들에겐 나와 엄마가 충분히 눈엣가시가 되고도 남는 일이다.

지금처럼 어느 정도 세월이 지나고 나면 그런 타박들도 무덤

덤하게 여길 수 있었을 텐데 그 현장에 멈추어 서 있는 그날의 나는 너무 어렸다. 그날도 역시나 논쟁의 주제는 나와 엄마였다. 아니 더 분명하게는 '나'였을 것이다. 얼마 되지 않는 논마지기 몇 평이 누구의 손에 들어가느냐. 그것이 그들에겐 중요한 일이었다.

새아빠는 그 가족에게 맏아들이다. 맏아들에게 어르신들의 재산을 물려주는 것이 그 시대 할머니, 할아버지들의 당연한 생각이었다. 그렇지만 맏아들에게 재산이 상속되면, 결국 그 재산은 그 집안의 피 한 방울 섞이지 않은 나에게 부당하게(?) 쓰일 거라고 '고모와 삼촌'인 사람들이 열변을 토했다. 엄마와 아빠는 물론이고, 땅의 주인인 할아버지, 할머니도 재산 상속에 대하여 아무 말씀이 없으셨는데, 뜬금없이 고모와 삼촌이 자기들의 재산 소유권을 주장하면서 벌어진 일이었다. 그날 나는 어린 시절 장독대 너머로 보았던 엄마의 휑한 정수리를 또다시 보았다. 엄마는 머리숱이 많은데 왜 자꾸 정수리 주변으로만 머리카락이 빠지는 건지 너무나도 알 것 같았다.

할아버지가 자전거를 타고 가시다 교통사고를 당하여 어린아이 같아지지만 않았어도 불필요한 논쟁거리였을 거다. 엄마는 그런 할아버지의 병간호를 성심을 다해 해왔지만, 그런 건 그들에게 중요하지 않았던 것 같다. 결국 아빠가 재산에 관한 모든 권한을 포기하기로 하고, 나와 엄마를 선택하면서 문제가 일단락되었다. 어린 나는 재산 따위에 관심도 없었지만, 매번 이렇게 세상의 풍파를 정면으로 부딪히며 살아가야 하는 엄마가 불쌍했다. 왜 작은 호사 하나 누리지 못할까 싶었다.

　나이가 들어서도 엄마의 삶은 크게 달라지지 않았다. 엄마가 이혼 후 외지로 이사를 와서 얻은 첫 직장은 학원차 운전이었다. 울며 겨자 먹기로 따 놓았던 1종 운전면허가 그리 쓰일 줄 누가 알았을까. 학원차 운전의 세계는 남성향이 짙었지만, 엄마는 특유의 악바리 정신으로 잘 버텨내셨다. 그때 엄마 나이 40대. 지금의 내 나이와 크게 차이나지 않는다.

　엄마 얼굴에는 그 세월의 흔적들이 고스란히 남았다. 아무리 비싼 아이크림과 탄력크림도 엄마의 주름을 없애지 못했다. 특히나 고생을 많이 한 티가 역력한 손은 동년배 아줌마들보다도 더 나이든 것 같아 마음이 아리다. 화장대 앞에서 "젊은 시절부터 바깥에서 고생을 많이 해서 그런지 더 까무잡잡해졌네." 하며 신세 한탄을 할 때 마음에 콕콕 화살이 꽂힌다.

　엄마는 일 눈이 밝았다. 젊은 시절 안 해본 일이 없어서 그런지 처음 마주한 일도 곁눈으로 몇 분 살피고 나면 쓱쓱 해냈다. 사람들은 원더우먼이 실존한다면 그게 엄마일 거라고 극찬했다. 엄마는 가녀린 젊은 새댁에서 어느새 억척스런 원더우먼이 되어 있었다. 세월이... 그리고 세상이 엄마를 그리 만든 것이겠지.

아니 에르노의 《한 여자》는 엄마와 저자인 딸의 애증 관계를 적나라하게 그려낸 자전적 소설이다. 그 책을 읽다가 한 구절에 형광펜으로 밑줄을 쳐놨었다.

"나는 그녀가 말하고 행동하는 거친 방식이 부끄러웠는데, 내가 얼마나 그녀와 닮았는지 느끼고 있는 만큼 더더욱 생생한 부끄러움을 느꼈다."

엄마와 나는 닮았다. 이상하리만치 닮았다. '딸이 엄마를 닮지 그럼 안 닮겠어?' 하고 반문하는 사람도 있겠지만, 그런 수준을 넘어설 정도로 닮아 있다. 말투, 억양, 습관적으로 사용하는 단어들, 세상을 살아가는 온도, 어떤 대상에 대한 관점, (그다지 닮고 싶지 않았던) 일 눈, 어쩌면 마음에 난 균열까지도.

그런 엄마에게 난 삶의 희망이었고, 살아가는 이유였다. 그걸 너무도 잘 알고 있었던 나는 엄마 마음에 생채기를 낼 수 없었고, 혹 나도 모르게 엄마에게 상처를 줄까봐, 그리고 그 상처로 인하여 엄마가 더 힘들까봐 전전긍긍했다. 그래서 나는 스스로를 '착한 아이'에 가두었다. 나는 엄마에게 의리를 지켜야 했다. 엄마가 자신의 젊음과 인생을 바쳐서 나를 지켰던 것에 대한 의리를. 엄마가 나에게 바라던 단 한 가지는, 신앙생활을 열심히 하는 것, 그것뿐이었다.

엄마와 내가 모든 것이 닮아 있는데 다른 점 하나가 있다면,

착한 아이, 그리고 엄마

그것은 신앙심이다. 나는 줄곧 엄마의 인생이 불쌍하다 생각했는데, 엄마는 늘 웃고 감사하며 살았기에 엇나가는 마음에 "엄만 맨날 뭐가 그렇게 좋아? 억울하지도 않아?"라고 물었더니 "아니. 안 억울한데. 그땐 힘들었지만 그래도 지금은 이렇게 잘살고 있잖아. 얼마나 감사해." 하신다.

    나는 엄마처럼 모태신앙으로 태어났지만, '못해'신앙인이었다. 엄마와 확연하게 다른 점이다. 하지만 엄마와의 의리를 저버릴 수 없었기에 철저하게 숨기기로 했다. 나는 모든 예배에 빠지지 않고 나갔다. 내가 할 수 있는 봉사에는 솔선수범했고 교회에서 살다시피 했다. 수련회에서는 눈물을 흘리며 찬양했고, 목 놓아 기도했다. 어찌된 영문인지 성령의 은혜로 방언의 은사도 받았다. 하지만 그뿐이었다. 믿음이 없는, 말 그대로 알맹이가 없는 신앙생활을 열심히 할 뿐이었다. 그때의 난 하나님을 알고 싶다고, 제발 날 좀 만나달라고 기도했지만 그분은 대답하지 않으셨다. 그리고 그렇게 난 '착한 아이'에서 '착한 어른'이 되어갔다.

아무도 모른다

'재미를 추구하는 진지함, 완벽주의 덜렁이, 털털한 예민함, 계획이 취미인 무계획, 역마살 돋는 집순이'

나는 한껏 솔직했지만 누구보다 거짓말을 잘했으며, 잠자는 것이 좋았지만 불면증을 달고 살았다. 읽는 것을 한없이 귀찮아했지만, 활자에 중독된 사람처럼 책을 읽어댄 적도 있다.

쉽게 웃는 사람일수록 거대한 우울을 가지고 있으며, 진지하지 못한 사람이야말로 가장 진지한 면모를 보여 놀라게 만들 때가 있다. 그게 나였다.

어렸을 때부터 그저 해맑게 웃으며 자랐고, 친구들을 잘 챙겼으며, 동네 어른들에게 빠짐없이 인사했다. 엄마가 바라는 내 모습이 무엇인지 알고 있었기에 되도록이면 그 모습에서 벗어나지 않으려고 노력했고, 그러다보니 늘 나에게는 '착하다'라는 수

식어가 붙었다. 살아보니 착하다는 말이 그렇게 마냥 좋은 칭찬만은 아닌 것을 알게 되었다. 착하다는 말을 많이 들을수록 마음속의 솔직한 이야기를 털어놓기가 어려워지고, 내 솔직한 감정보다는 책임에 무게가 실렸다. 참고 견뎌야만 하는 몫도 늘어났다. 착하기 위해서 나를 쓸데없이 낮추고 자책했다. 솔직한 마음은 따로 있는데 자꾸만 보여주기 위한 말들을 내뱉고 만다. 착해야만 한다는 강박이 총구가 되어 등 뒤에서 늘 나를 겨냥하고 있었다.

아주 어린 시절의 나는 애석하게도 내가 얻고자 하는 것은 모두 얻을 수 있다고 생각했고, 내 인생은 늘 풍족하리라 믿었다. 그러나 살다보니 무언가를 얻는 순간, 반드시 잃는 또 다른 것이 있었다. 어쩌면 일득일실, 기브 앤 테이크가 지극히 당연한 것임에도 불구하고 받아들이기 어려운 문제였다. 내가 하나를 얻을 때마다 하나, 혹은 하나보다 더 많이 나빠지곤 했다. 불공평하고 억울했지만 내색하는 순간 내 안에 숨겨놨던 속사람이 튀어나올 것 같았기 때문에 잃어도 안 잃은 척, 아파도 안 아픈 척, 좋은 척, 괜찮은 척, 가짜로 웃는 법들을 덧붙여 터득해갔다.

누구에게도 말하지 않았지만, 어느 순간 나는 내 삶을 부정하기 시작했다. 엄마 배 속에서 열 달을 견디다 그 어미의 살을 찢는 상처를 남기고 태어나는 그 순간부터 삶이라는 비극이 시작됐다고 생각했다. 내 삶은 내가 주체적으로 선택한 것이 아니라 강제적으로 내게 주어진 것이기 때문이다. 과학이 발달한들, 지식이

방대해진들 삶의 모든 경우의 수를 예측하고 대비할 수 없기에, 스멀스멀 어디선가부터 생겨나는 부조리가 기어코 나를 덮쳐올 것이라 생각했다. 이는 지금까지의 경험에서 비롯된 것이기도 했다. 이런 측면에서 삶이란 언제나 익숙해질 수 없는 미지의 것이었기에 더더욱 부정적인 결과를 예측하며 살았다. 좋지 않은 결과에 대한 대비책이 필요했다. 순발력이 좋지 않은 편이었기에 나쁜 결과에서 허둥지둥하는 꼴을 보여주고 싶지 않았다. 어떤 일을 할 때 부정적인 과정과 결과를 1안, 2안, 3안으로 시뮬레이션 돌린 후에야 비로소 행동에 옮길 수 있었다. 실패와 실수가 없는 '완벽주의자'가 되어갔고, 자연스레 나는 나 자신에게 매우 엄격했다.

그렇기에 어떤 일을 하든, 철저한 계획이 필요했다. 예컨대 낯선 곳으로 떠나는 워크숍을 준비하는 업무가 주어진다면 예상 이동수단(1안, 2안), 이동수단에 따른 예상경로, 예상시간을 미리 찾아보는 것은 기본이었다. 거기에 맞는 답사를 다녀와서 찍은 사진을 이용한 보고서를 만든 후 계획표까지 작성해야 직성이 풀리는 성격이었다. 얼마나 지치고 피곤한 준비들인가. 누군가 나에게 과도한 책임감이 있다고 말한다면 "아니야. 이 정도는 당연한 거야."라고 말했다. 사람이라면 이 정도의 성의를 가지고 인생을 살아야 한다고 생각했다. 인생의 부조리가 나를 덮쳐오더라도 열심은 다해야 한다고 생각했지만, 이조차 모순적인 삶이었다. 많은 사람들이 삶이란 길고 긴 여정이기에 무리하면 안 된다고 말할 때에도 "에이, 이 정도는 괜찮아." 하고 어깨를 툭 치며 대답했다.

    부정형 인간이지만 최선을 다하는 것이 내가 가진 최고의 장점이라 생각하며 씩씩한 표정을 지었지만, 결국 난 바보처럼 쓰러지고 말았다. 누군가 나에게 이 지경이 되도록 '왜 그리 열심히 살았는지'를 묻는다면, 나의 대답은 하나다. 아마도 사랑받고 싶었던 것 같다. 남보다 좋은 사람이 되어야 사랑받을 수 있다고 착각하며 살아왔다. 속사람의 나를 있는 그대로 사랑해줄 사람이 있을지 확신할 수 없었다.

    이혼 가정에서 자랐다는 것은 나도 모르게 나를 주눅들게 했고, 움츠러드는 기분이 들 때마다 나는 더 센 척을 했다. 주눅들지 않기 위해선 더 많은 사랑과 관심이 필요했고, 더 많은 친구가 필요했다. 친구들과 웃고 떠들지 않으면 외로움을 느꼈고, 혼자 있는 시간을 견디지 못했다. 그렇게 사람들을 곁에 두려 하다 보니 자연스레 상처들이 생겨났다. 만남과 이별 속에서 관계에 능숙해진 것 같다가도 이내 실패를 맛보았다. 지금 돌이켜 생각해보면 실패가 아니었을지도 모르나 그때는 내 스스로 실패라고 결론내렸다.

    내 불안함과 예민함이 삶의 모든 부분에 스며들었고 관계에 문제들이 생기기 시작했다. 특히 나만의 문제였음에도 원인을 엄마에게 떠넘기기 시작하면서 가족과의 관계도 조금씩 균열이 생겼고, 이내 내 성격 역시 틈이 더욱 갈라졌다. 어떤 한 사건 때문이라기보다 켜켜이 쌓여온 그간의 삶들이 나를 더 예민하고, 부정적이며, 비관적인 성향의 사람으로 만들어갔다.

그럼에도 먹고 살아야 했다. 사무실에 앉아 똑같은 일상을 반복하는 삶에 적응하기 힘들었으나 언제나처럼 가면을 썼고, 아무렇지 않은 척 삶을 이어갔다. 가면이 웃으면 웃을수록 가면 속 나는 점점 더 우울해지고 스스로를 더 갉아먹는 듯했다.

서른 즈음부터는 밝고 명랑하고 열정 가득하며 사람 좋아하는 내가 나인지, 우울의 구덩이 위에서 위태위태한 줄타기를 하는 내가 나인지 내 자신조차 헷갈리기 시작했다. 이 시기엔 종종 가위에 눌렸는데, 가위에 눌리는 것이 침대 위에서만은 아니었다. 졸음이 몰려오는 시간에 꾸벅꾸벅 졸다가도 가위에 눌리곤 했다. 그렇게 가위에 눌려버리면 주변의 소리도, 그 어떤 것도 들리거나 보이지 않았다. 깊은 나락으로 떨어지는 기분과 함께 어마무시한 공포감이 몰려들었다. 가위에서 풀려나기 위해 발가락에 힘도 줘보고, 손끝에 온 기운을 보내보기도 하고, 찬송가를 속으로 불러보기도 했지만 무용지물이었다. 눈알을 굴려보았지만 나를 지켜보고 있는 것 같은 미지의 존재에게 조롱만 당하는 기분이었다. 오랜 시간 불면증에 시달리던 시기였는데, 선잠이 들었다가 한 시간에 한 번씩 깼다. 일찍 잠들어도 띄엄띄엄 두세 시간을 자고 나면 더이상 잠들기 어려웠고, 잠 못 이루는 밤을 '내가 누구인가'를 고민하며 뜬눈으로 지새웠다. 마치 사춘기 소녀인 양. 이러한 수면 부족이 반복되자 성격은 더욱 예민해졌다.

나는 아주 천천히 무기력하고, 무능력하며, 무책임한 사람이 되어갔다. 주변 사람들과 사이가 멀어지기 시작하고, 내게 도움을 요청하거나 무언가를 기대하는 사람도 없어졌다. 처음 겪어 보는 상황에 어찌할 바를 몰라 막막하던 찰나, 나의 모태신앙이 떠올랐다. 돌이켜보면, 그제서야 신앙을 떠올린 것이 어이가 없긴 하지만 말이다.

이 모든 일이 일어나는 동안에도 나는 여전히 열심히 교회를 다니고 있었다. 예배에도 빠진 적이 없고, 청년 회장의 자리에도 있었으며, 심지어 수련회에서 은혜를 받았다고 간증까지 했었다. 그럼에도 하나님이 내 안에 계신다는 확신이 없었고, '그래서 내가 괴롭고 힘든가?' 하는 생각이 불현듯 들었다. 하나님이 나를 지으셨으니 '내가 누구인지, 내가 왜 이런 불행을 겪고 있는지, 나의 우울은 어디서 왔는지, 내 가면을 벗는 방법은 무엇인지'에 대한 해답은 하나님만이 알고 계실 것이기 때문이다. 아무도 나에게 말해주지 못하던 것들, 나를 낳아준 엄마조차도 나에게 주지 못한 해답을 찾고 싶었다. 그래서 하나님께 도전장을 내밀었다. 첫 도전이었다.

처음에 도전장을 내밀었을 땐, '하나님은 자녀 삼은 자들, 곧 내 삶을 다 계획해 놓으셨다고 했는데, 그렇다면 하나님이 내 삶을 이렇게 비참하고 고독하게 설계하셨다는 거야?' 하며 성질이 났다. 그래서 하나님을 향해 푸념 섞인 원망을 늘어놓기도 했다. 하지만 아니었다. 도전장을 내민 상대를 알아가면 알아갈수록 지금까지 내가 알아온 모든 것에 오해가 있었단 것을 알게 되었다. 김형익 목사님은 그의 책 《우리가 하나님을 오해했다》에서 이런 말을 하셨다. "성경과 교리에 대한 무지가 초래한 하나님에 대한 오해는 생각보다 심각한 결과를 낳는다." 정말 그랬다. 하나님에 대한 오해는 내 인생을 송두리째 겉과 속이 다른 모순 덩어리로 만들었다.

서른 중반이 돼서야 이제 좀 '어떻게 살아가야 하는구나.'를 알게 되었고, 모래밭에 쌓아올렸던 집이 무너지고 나서야 무엇이 중요하고 무엇을 먼저 해야 하는지 깨달았다. 어떤 사람은 '소 잃고 외양간 고친다'고 비웃을지 모르겠지만.

서른일곱의 나는 여전히 가끔 삶의 권태도 느끼고, 하나님을 원망하기도 한다. 어떤 지점에서는 낮은 자존감으로 스스로 상처 내기도 한다. 하지만 분명 이전의 그것과는 다르다.

슬프고 처절하지만 해내야만 했던 모든 질문들과 생각들을 끝끝내 해냈고, 나는 나를 받아들였다. 나의 일부분이 실패했을지언정 내 삶 전체가 실패한 것은 아니다. 내 인생은 이대로 끝이 아니기에, 그리고 이 실패 또한 어떻게 쓰일지는 아무도 모르기에.

내 남편을
향한 신앙심

　　　　　남편은 말수가 적은 편이었다. 겉으로 드러나는 표정이 다양하지 않았지만, 그럼에도 나와 있을 땐 항상 밝게 웃었다. 처음엔 그게 좋았다. 내가 그의 구원자가 된 느낌이랄까. 그의 팍팍한 삶의 한줄기 빛이 되어주는 내가 뭐라도 되는 양 느껴졌기 때문이다.

　그의 가족은 부모님과 여동생이 있었고, 그에게서 전해들은 바로는 여타 가족들과 다르지 않게 평범했다. 언뜻 보면 큰 문제가 없는 듯 보였으나 그의 삶을 깊이 들여다볼수록 그도 상처가 많았다.

　결혼할 당시 그는 10년째 직장생활을 하며 번 돈으로 그의 아버지의 빚을 갚아드렸다고 했다. 이후에 번 돈으로는 아버지의 차를 준대형 suv로 바꿔드렸다. 나는 어느 부분에서는 그의 부모님이 꽤 이해되지 않았다. 빚을 갚아준 것도 모자라서 굳이 차까지도 준대형 suv를 타고 다니셔야 할까 싶었지만 그와 싸움이 될까 싶어 말하지 않았다.

여기까지만 들으면 그가 꽤 효자처럼 느껴지겠지만 그는 그의 어머니에겐 효자 재질이 아니었다. 그는 어머니와 갈등이 많았다. 그의 어머니는 다소 신경질적인 부분이 많으셨고, 어머님 말로는 젊은 시절 고생을 많이 하셔서 안 아픈 곳이 없다 하셨다. 그래서인지 항상 '아프다'와 같은 앓는 소리를 자주 하곤 하셨다. 실제로 결혼생활 동안 시댁에 갈 때마다 어머님은 항상 어딘가가 아프다 하셨고 병원도 자주 다니셨지만 늘 호전은 없었다. 함께 있는 시간 동안은 늘 어머님의 불편한 점과 불만사항을 경청해드리고 와야만 했는데 어머님은 그에게 잔소리가 많으셨고, 그는 그것을 못마땅하게 여겼다. 특히나 그가 자신의 행동을 통제하는 것을 못 견뎌하는 반면, 어머님은 아들의 행동을 꽤나 통제하길 원하셨다. 하지만 30대 성인 아들이 입맛대로 통제가 될 리 만무했고, 그와 그의 어머니는 일상다반사로 아웅다웅했다.

제3자였던 내가 보기에 이해가 되지 않는 것이 하나 더 있었다. 그와 그의 친척들의 관계였다. 나는 결혼 준비를 하면서 그의 친척들을 자주 봐야만 했다. 한국 사회가 기존 틀에서 많이 변화했다고는 해도 아직은 전통처럼 남아있는 것들이 있다 보니 여기저기 인사를 드리러 다녔다. 특히 그의 어머니 쪽, 그러니까 그의 외갓집 식구들을 자주 만나야 했다.

결혼 전을 포함하여 결혼생활 내내 그의 친가 쪽 어른은 고모님 외에는 본 적이 없음에도 불구하고, 나는 그의 외할머니에게 인사드려야 한다는 명목으로 명절마다 그의 외갓집을 (추가로) 방문해야만 했다. 되돌아 생각해보면 외할머니는 핑계였을지도 모르겠다. 그의 외사촌동생을 만나기 위해, 혹은 그분을 주제로 대화의 장을 열기 위한 핑계.

그의 외사촌동생은 꽤 잘 나가는 프리랜서이고, 영앤리치다. 그런 이유에서인지는 모르겠지만, 어머님과 아버님의 휴대폰 배경화면은 본인의 아들이 아닌 그 사촌동생의 사진이었다. 심지어 우리 공주가 태어나고 나서도 어머님의 휴대폰 배경화면은 바뀐 적이 없다. 그걸로 한동안 섭섭해 했던 내 자신이 바보 같기도 하다. 본인의 아들, 딸의 사진도 배경화면으로 해두시지 않는데 손녀사진으로 바꾸실 리가 만무한데 말이다.

결혼 전후로 그때의 나는 그런 상황에 놓인 그가 안쓰럽고, 안타깝기까지 했다. 부모님 빚도 다 갚아드린 아들보다 잘 나가는 조카가 더 자랑스럽고 사랑스러운 걸까 싶었다. 결혼생활 6년 동안 시댁에 가면 늘 나는 원하지도 않는 그 사촌동생의 안부와 일정에 대해서 1시간 정도 경청해야만 했고, 거기에 더해 기계적이지만 그렇지 않아 보이는 리액션을 해야 했다. 그러다 보니 그가 왜 점점 말수가 적어지고, 웃음기 없는 삶이 되었는지 어느 정도 이해가 되기도 했다. 하지만 내 이해는 거기까지였다.

    장남이라 그런지 그도 감정의 기복이 크지 않았다. 본인이 정한 영역의 것들만 건드리지 않고, 어떠한 선을 넘지 않으면 크게 스트레스를 받지도, 분노하지도 않았다. 혼자 화를 참지 못해 치를 떠는 건 대부분 나였고, 감정에 복받쳐 울거나 감정조절이 안돼서 예민하고 조급하게 구는 것도 보통은 내 담당이었다. 그는 내가 그럴 때마다 아무 말도 하지 않고 그저 무표정하게 나를 바라볼 뿐이었다. 사실 그랬기 때문에 그나마 6년의 결혼생활도 견딜 수 있었는지 모르겠다. 만약 나와 같이 부딪히고, 매번 치고받고 싸우고 했다면 우린 더 짧은 시간을 부부로 살았을 것이다. 그는 항상 할 말을 속으로 생각하고 있다 했다. 반면 나는 말을 하면서 생각하는 부류다. 그가 할 말을 생각하는 동안 나는 이미 다음 말을 하고 있으니 그는 더욱 입을 다물게 됐다. 겉으로 보자면 항상 이기는 쪽은 나였기에 그런 면에선 그가 참 억울했을지도 모르겠다.

    그는 가톨릭 모태신앙으로 태어났다. 그의 부모님도 우리 부모님처럼 종교가 같은 배우자를 데려오길 원하셨지만 그도, 나도 그 원을 이뤄드리지 못했다. 심지어 그는 나를 위해 자신의 종교를 포기했다. 엄밀히 말해 그는 이미 냉담자였는데, 사실 한 번도

신의 존재를 믿어 본 적 없다고 했다. 그는 나와 같이 교회를 다니는 내내 진심으로 기도를 해본 적이 없고, 찬양시간에는 입을 다문 채 그 시간이 빨리 지나가길 바라는 사람처럼 멀뚱멀뚱 서 있기만 했다.

나는 한 교회에 20년 넘게 다니고 있었으므로 내가 알지 못하는 교회 성도님들도 내가 누구인지, 우리 엄마가 누구인지 다 알 정도였다. 그래서 나는 항상 교회에서 '스마일'을 유지했다. 혹시라도 "누구는 예의가 없더라."라는 식의 소문이 교회에 퍼지는 것이 싫기 때문에 원천차단한 것이다.

아니나 다를까, 그가 우리교회에 다니기 시작한 지 얼마 후부터 꽤 빠르게 소문이 돌기 시작했다. "누구 남편이 인사를 아예 안 한다.", "그 사람, 설교시간에 앉아서 졸고만 있더라.", "그 사람이 누구 권사님 사위라며?" 등등. 그는 교인들의 입방아에 오르내리기 쉬운 소재들을 제공했고, 나는 꽤 불편했지만 애써 외면했다. 하지만 계속되는 소문을 외면하기 어려웠던 엄마는 참고 참다가 결국 그를 불러 한소리를 하고야 말았다. 그때에도 그는 무표정하게 앉아 엄마의 말을 듣고만 있었고, 그 이후에도 그의 행동에는 아무런 변화가 없었다.

"쟤가 나를 무시하나봐."라는 엄마의 말에 "아직 성령님이 마음에 안 찾아오셔서 그렇겠지. 엄마도 같이 기도해줘."라고 대답했지만 정작 나는 그의 신앙을 위해서 기도하지 못했다. 아니, 엄밀히 말해서 기도는 했으나 전혀 바뀌지 않는 그의 모습에 제풀에 지쳐서 어느 순간 포기했다는 말이 맞는지도 모르겠다. 하나님이 그에게 찾아오실 때가 언제인지 묻지도 않은 채 내가 정해놓은 시간 내에 하나님이 찾아오시지 않았다고 내가 손을 놓아버린 것이다. (결국 훗날 그는 하나님에 대한 믿음 없이 출근 도장을 찍듯 교회에 다니는 것을 그만두었다.)

그가 처했던 상황과 환경, 그 세월을 다 이해한다고 해도 그와 나 사이에서 용납되지 않는 문제가 있었는데, 바로 신뢰다. 그는 말수가 적을 뿐더러, 말주변까지 없는 사람이었다. 어떤 말을 꺼내기 위해서는 한참을 생각해야 했기에 그가 당장의 위기를 모면하기 위해서 자주 사용하던 방법은 거짓말이었다.

그는 두 가지를 간과했던 것 같다. 첫째, 본인은 거짓말에 서툴다는 것, 둘째, 거짓말은 또 다른 거짓말을 낳게 된다는 것. 그리고 하나를 더 덧붙이자면 나는 꽤 집요한 면이 있는 사람이다. 내 장점이지만, 크나큰 단점이기도 하다. 어떤 사건이나 문제가 일어났을 때 A에서 B로 가는 인과관계가 명확해야 이해하고 납득할 수 있다. 그 과정과 끝에 있는 진실이 설령 나를 아프게 하더라도 나는 그 '이해'하는 것이 중요했다. 그래서 그 인과관계가 이해

될 때까지 대화하려는 (상대방에게는 취조로 느껴질지도 모르겠지만) 못된 습관이 있다.

어떤 사건이 발생할 때, 그는 그 상황에서 벗어나려고 나름대로 잘 짜여진 거짓말을 하곤 했는데, 나에겐 집요함과 더불어 '좋은 촉'이라는 무기가 있었다. 난 그 무기를 들고, 그에게 묻고 또 묻고를 반복했다. 그는 대답하고 대답하다가 결국 지쳐 자백하곤 했는데, 나는 그 지점에 닿는 매순간마다 그에 대한 신뢰를 잃어갔다.

나에게 하나님에 대한 믿음이 부족했던 것만큼이나 누군가를 믿는 것도 어려웠던 걸까. "내 남편은 그런 사람 아냐! 내 남편 말이 다 맞아! 절대 그럴 리 없어!" 하며 마인드 컨트롤도 해보고, 여러모로 노력했지만 잘되질 않았다. 그를 너무 믿어주고 싶었는데, 그게 잘 안됐다. 무조건적인 믿음을 한 번 더 가져보려 발버둥 쳤지만, 이미 내가 가지고 있는 그의 관한 정보들이 너무 망가져 있었다. 우리는 이로 인한 싸움이 잦았다. "나는 너를 믿을 수가 없다고."라는 말을 몇 번이나 했는지 모르겠다. 그의 가방에서, 그의 외투 주머니에서, 그의 차 안에서 담배를 발견할 때마다 그는 자신의 것이 아니라 우겼지만 결론적으로 모두 그의 것이었다. 심지어 그가 조금 일찍 출근하던 날, 대담하게도 집 앞에서 담배를 피우다 새벽예배를 다녀오던 엄마한테 발각되었을 때도 그는 자신이 물고 있던 그 담배가 자신의 것이 아니라 했다.

내 남편을 향한 신앙심

신뢰의 문제는 비단 담배뿐만이 아니었다. 그는 '다음에는', '한 번만'을 입버릇처럼 달고 살았고, 나는 그때마다 그 말을 철석같이 믿었다. 하지만 같은 문제는 여러 번 반복됐고, 그때마다 그는 "다음에는 잘해볼게. 한 번만 더 믿어줘."로 문제를 일단락 지으려고 했다. 차라리 못할 것 같으면 "나 도저히 그건 못하겠어."라고 인정하고 함께 다른 해결방안을 찾는 게 낫지 않았을까. 나는 항상 그 '다음'을 기대했고 변하지 않는 그의 모습에 지쳐갔지만, 그는 자신의 노력을 몰라주는 내게 화가 난다고 했다.

사실 그는 '인정'하는 것에 두려움이 있었을지도 모른다. 아마도 '졌다'는 생각이 들기 때문일 거다. 이기고 지는 문제가 인생을 좌지우지하는 순간, '졌다'는 생각은 자존감을 떨어뜨려 그 사람의 삶을 갉아먹기 시작한다. '인정'이란 '졌다'는 것을 받아들이는 것이 아니라 사실을 확인하고 받아들이는 과정일 뿐인데... '그래. 맞아. 그건 그렇구나.' 하면 마음이 한결 편해질 텐데... 어차피 그렇게 인정하지 않은 채, 이기지도 못할 것을 이기고자 오기를 부려봤자 팩트 폭행 당하는 건 그였다. 사실 나로선 그가 억울해할 건더기도 없다고 생각했다. 그의 본래 성격대로 좋게 좋게 생각해서 끝없이 좋고, 가볍게 생각해서 끝없이 가볍고, 안정된 생각으로 끝까지 안정된 관계로 나아갔다면 우리 관계에 이런 어려움은 없었을 터였다.

하지만 이러한 생각은 모두 내 중심적이고, 독단적이고, 이기적인 생각일 뿐. 나에게도 큰 문제가 있었을지 모른다. 나는 '지키지 못할 약속은 하지 말자'를 마음에 새기고 살았기에 내가 하지 못할 것 같으면 아예 입 밖으로 꺼내지도 않았다. 헌데, 이것은 내 신념일 뿐 남한테 강요할 수 없음에도 나는 입으로 말하지만 않았지, 그에게 온 마음을 다해서 소리쳐 요구해왔다. 네가 한 말은 지키라고. 하지만 그는 그러지 못했고, 나는 점점 그를 신뢰하지 않았다. 그를 믿지 못하는 내 잘못인지, 도저히 더이상은 믿지 못하게 만든 그의 잘못인지 아직도 모르겠다. 그렇게 나는 남편에 대한 신앙심을 잃어버렸다.

돌아보면 그는 이러한 내 고민과 고통에 전혀 공감하지 못했던 것 같다. 아니 받아들일 준비가 되어 있지 않았다. 그러다 보니 내게서 다시 신뢰를 회복하고, 나아질 거란 확신을 주기 위한 노력의 방향이 내가 보는 방향과 달랐다. 그가 노력하지 않았다고는 생각하지 않는다. 그도 나름대로 노력했지만, 문제를 바라보는 그의 결과 나의 결이, 진심과 진심이 달랐기에 우리는 서로에게 닿지 못했다.

'다시 돌아간다면 나는 그에게 한 번 더 기회를 줄 수 있을까?' 하고 불현듯 생각해본 적이 있다. 여전히 마음이 어렵고, 쓰리고, 미안하기도 하지만, 내 마음은 그리고 내 대답은 바뀌지 않을 거다. 사람은 쉽게 바뀌지 않는다는 걸 알았기 때문에.

나도. 그도.

반대가
끌리는 이유

　　　　　두 번째 직장에서의 삶은 사람을 꽤 외롭게 만들었다. 그 시절의 나는 흡사 바람에 이리저리 흔들리는 갈대 같았고, 직장에서 외톨이가 된다는 것은 생각보다 견디기 어려운 일이었다. 어딜 가나 수군대는 사람들 속에 있어야 했기에 삶은 늘 긴장의 연속이었다. 갈피를 잡지 못하고 삶의 방향을 잃자 이성보다는 감정에 치우치기 일쑤였다.

　　나는 외로움을 많이 느끼는 사람이라 이 외로움을 달래줄 누군가 나타나주길 원했고, 이 직장에서 탈출할 합당하고도 정상적인 이유가 필요했으며, 결혼 적령기에 놓인 여자였다. 그런 나의 레이더망에 그가 들어왔고, 정반대의 성격을 지녔음에도 '성실함' 하나로 나에게 만점을 얻어 그는 나와 연인이 되고야 말았다.

　　"반대되는 사람끼리 만나야 잘 산대."라든지, "원래 반대되는 사람이 더 끌리는 법이야."라는 말을 들어본 적 있을 것이다. 이런 믿음이 사실인지 확인하기 위해 1995년 생물학자 클라우스 베데킨트(Claus Wedekind) 연구팀은 이른바 'T-shirt Study'라 불리는 연구를 진행하게 된다. 땀 냄새 등 체취가 잔뜩 밴 남성들의 티셔츠를 여성들에게 준 뒤 선호하는 셔츠를 꼽도록 했더니, 자신의 유전자와 가장 다른 유전자를 가진 사람의 냄새를 유독 좋아하는 것으로 확인됐다.

한편, 최근에 미국 미시간주립대 레베카 바이트만(Rebekka Weidmann) 박사 연구팀이 진행한 연구에서는 연인끼리의 성격 유사도보다는 개인의 성격 자체가 연애 관계와 지속도를 좌우하는 것으로 나타났다. 결국 유전자와 성격을 떠나 사람과 사람의 만남과 관계, 그리고 그 안에서 벌어지는 일들이 저마다 다를 테니, 뭐가 맞다 단정지을 수는 없다.

처음엔 그와 내가 다르기에 나의 부족한 부분들을 그가 채워줄 수 있으리라 생각했다. 내 조급한 성미는 나 혼자만으론 잠재우기 어려운데, 그의 느긋함으로 채워 넣어 '완전'해질 수 있다고 말이다. 연애 초반에는 우리의 다름이 행동, 태도, 정서적인 면까지 모든 부분을 아울러 보완해줄 거라고 믿었다. 부족한 별개의 인간이 서로를 통해 완전해질 수 있다니, 이 얼마나 매력적인가. 마치 에덴동산의 아담과 하와처럼 말이다.

하지만, 그 매력은 지속성이 매우 낮았다. 상대를 좋아하는 마음으로 콩깍지가 씌워져 있기에 우리의 다름은 '단점'보다는 호감? 동경? 그 비슷한 걸로 보였다. 그렇기 때문에 상대의 마음을 얻기 위해 상대에게 맞춰 행동하기도 하고, 마음에 들지 않는 부분도 '이 정도는 괜찮아'라며 애써 외면하기도 했다. 하지만 시간이 흐를수록 본연의 내가, 그리고 그가 드러났고 서로의 다른 점들이 불편함으로 다가오기 시작했다.

결혼 적령기에 있는 연인들이 흔히 그렇듯이 우리도 연인이 된 이후 얼마 지나지 않아 결혼 이야기가 오고갔다. 정말 솔직히 말하자면 '이 사람 아니면 안 된다. 이 사람 아니면 죽을 거 같다'라는 마음은 없었지만 결혼을 할 시기가 되었고, 그는 불성실하고 무능력했던 나의 친아빠처럼 가족을 먹이지도, 입히지도 못할 사람은 아니었다.

당시 나에겐 결혼에 대해 진지하게 묻거나 고민을 털어놓을 멘토가 없었다. 엄마에게는 신랑감에 대한 모든 것을 솔직하게 터놓고 이야기하기가 어려웠다. 분명 반대를 할 것이 뻔했기 때문이다. 이제와 이혼을 한 마당에 누군가에게 결혼에 대한 조언을 하는 것이 우스울 수 있겠지만, 한 가지 확실하고 분명하게 말할 수 있는 것이 있다. 결혼은 내 주변의 소중한 사람들 중 누군가 한 명이라도 완고히 반대한다면 하지 않는 것이 맞다. 또, 반드시 멘토로 삼은 사람에게 그 결혼에 대한 나의 생각, 가치관, 배우자에 대하여 솔직하게 이야기를 나눠보고 결정하길 권한다.

결혼하기 전, 나의 '배우자를 위한 기도'는 다음과 같았다. 첫째, 성실한 사람. 둘째, 내 말에 귀기울여주는 사람. 셋째, 교회를 다니는 사람. 넷째, 키는 180cm가 넘는 사람. 나의 기도가 절박하지도, 구체적이지도 않았던 탓일까. 그는 성실했고, 내 말을 잘 들어주긴 했다. 뭐, 듣기만 해서 문제였지만... 그리고 나를 만나 교회를 다니긴 했다. 나중에야 비로소 뼈저리게 깨닫게 된 바가 있지만 말이다. 한 사람이 하나님을 믿고 신앙심을 가진다는 것과 그저 몸만 교회를 다닌다는 것은 크나큰 차이가 있음을.

그와는 결혼준비 과정부터 삐거덕거리기 시작했다. 누구에게나 본인이 쥐어짜낼 수 있는 성실함의 총량이 있다. 그는 그 총량의 90퍼센트 이상을 회사에 쏟아붓고 있는 듯했다. 한 회사, 같은 부서에서 10년 이상 근무한 그는 당연히 회사에서는 성실한 사람이었다. 그는 자신의 성실함으로 회사에서의 입지가 높다는 것을 자랑스레 여겼다. 하지만 그는 나머지 10퍼센트의 지분으로 나머지 관계들을 대했고, 애석하지만 나도 거기에 속해 있었다.

당연하게도 결혼을 준비하는 내내 크고 작은 일들을 결정해야 했는데, 내 성격상 세밀한 것 하나까지 계획하고 선택해야 했다. 철저하게 준비하는 과정에서 나만의 것이 아닌 우리의 것을 만들어가고 싶었다. 옛날의 엄마처럼 혼자 아등바등하며 꾸려가는 가정이 아니라 둘이 함께하는 안정된 가정을 꾸려가고 싶었다. 하지만 머리로는 어떻게 해야 할지 알겠는데 그게 뜻대로 되지 않아서 괴로운 나날들이 이어졌다. 신랑은 우리 결혼에 크게 관심이 없는 사람처럼 보였다. 내가 뭘 물어도 "네가 잘 아니까 알아서 해."라고 대꾸하곤 했다. 게다가 결혼을 준비하는 해에는 해외 출장도 잦아 나 혼자 고민하고 결정해야 했다. 둘이서 고민하면 분명히 더 나은 선택을 할 수 있을 것 같은데, 결국 고민하고 있는 것은 나 혼자뿐이었다. 그땐 이렇게라도 최선을 다해 준비하는 것이 나 혼자만이 아닌 우리가 함께 행복하기 위한 과정이라고 여겼다.

신랑이 한국에 없는 시간이 많다 보니 자연스레 결혼준비에 관련된 일들로 예비 시어머니의 전화가 자주 걸려오곤 했다. 한국사회에서 며느리와 시어머니의 관계는 끈끈해질래야 끈끈해질 수 없다고, 그리고 고부 사이는 적당히 거리감이 있는 것이 좋다고 했던가. 우리도 남들과 별반 다르지 않았고, 나 또한 특별한 며느리가는 되지 않았다.

어머님의 잦은 통화와 간섭으로 갈등을 빚고 있을 때, 그는 그 갈등에서 누구의 편도 들지 못했다. 차라리 끝까지 그렇게 누구의 편도 들지 않았으면 좋았을 것을, 나에게는 어머님 편을, 어머님께는 내 편을 드는 최악의 선택을 하면서 상황은 점점 더 악화되었다. 그러자 그는 결국 상황을 회피하는 길을 선택했다. 어머님께도 "너희 결혼 신경 안 쓸 테니 다 알아서 해라."라는 말을 듣고야 말았다.

신혼집을 알아볼 땐 갈등이 더 커졌다. 결혼을 6개월쯤 앞두고 집을 알아보고 있던 어느 날, 신랑이 해외로 장기 출장 중이었는데 시어머니께서 나를 본가로 부르셨다. 결혼 전이기도 했고, 신랑도 없이 신랑의 본가에 가는 일이 다소 부담스럽기도 했지만 차마 거절하기가 어려워 출장 중인 신랑에게 문자를 남겨놓고 본가로 향했다. 시어머니는 내가 현관문에서 신발을 채 다 벗기도 전에 다짜고짜 지금 알아보던 것보다 좀 더 큰 신혼집을 알아보라고 부산스레 말씀하셨다. 어찌된 영문인지 알 길이 없어 동그래진 눈으로 올려다본 시어머니 얼굴은 한껏 상기되어 있었다. 시어머니 말씀의 요지는 다음과 같았다. 시어머니에게는 늘 자랑하는 영앤리치 조카가 한 명 있는데, 그 조카의 아버지(신랑의 외삼촌)께서 우리의 결혼을 축하하며 집을 마련해주겠다고 하셨단다. 나는 속으로 '그분이 우리한테 왜?'라는 의문이 들었지만, 기대감에 부푼 어머님 앞에선 차마 그 말을 꺼낼 수 없었다.

집에 돌아와 해외 출장 중이던 그에게 전화를 걸었다. 자초지종을 설명하곤 어머님 말씀대로 해도 되겠는지, 그 외삼촌이 어떤 분인지, 그리고 신뢰할 수 있는지에 대해 물었다. 그는 내게 어머님이 그리 말하셨으니 어머님 말씀대로 하는 게 좋겠다고 말했다. 항상 부정적인 상황과 나쁜 결과가 벌어질 것에 대한 대처 방안이 필요했던 나는 그에게 계획대로 되지 않았을 때는 어떻게 할지에 대한 질문을 던졌고, 그는 "그럼 어머님이 주실 거야."라는 말을 되풀이했다. 결국 나는 어머님의 뜻대로 말씀하신 평수와 가격에 맞춰 신혼집을 알아보러 다니기 시작했다.

결혼을 두 달 반쯤 앞둔 어느 날, 그때도 신랑은 해외 출장 중이었고, 신혼집은 계약을 코앞에 둔 상황이었다. 나는 또다시 어머님의 호출을 받아 본가로 찾아뵀다. 이전과는 다르게 왠지 서늘한 기분이 드는 현관 앞에서 올려다본 어머님의 안색은 좋지 않았다. 슬픈 예감은 틀린 적이 없다고 했던가. "미안하다."로 시작된 이야기는 내 귀에 잘 들어오지 않았지만, 들어야만 하는 내용이기에 열심히 귀기울이려 노력했다. 신혼집을 마련해주시기로 했던 신랑의 큰 외삼촌께서 갑작스레 여러 가지 사정에 의해서 말을 번복하셨고, 원한다면 내 직장과는 멀지만 신랑의 직장과는 가까운 지역에 작은 오피스텔 원룸을 월세로 얻어줄 수는 있다는 것이 요지였다. 결혼까지 두 달 반이 남았던 시점이었다. 잠시 멍해 있다가 그와도 이야기 나눠보고 연락드리겠다고 하고는 일어섰다.

막막했다. 평소에는 잘만 세워두던 대처 방안도 없었던 터라 내가 할 수 있는 것이 하나도 없었다. 시차를 생각할 틈도 없이 그에게 국제전화를 걸었다. 자다 깬 목소리로 전화를 받은 그에게 한없이 퍼부었다. 결혼이 코앞인데 이게 뭐냐고. 애초부터 안 될 것 같으면, 그리고 중간에라도 뭔가 이상했으면 나에게 말을 했어야 했다고. 나 몰라라 하고 방치하고 회피할 일이 아니었다고. 네 말대로 하면 되는 게 하나도 없다고... 내 할 말만 실컷 해대고 전화를 끊고는 계속 걸려오는 그의 전화를 받지 않았다. 아니 우느라 받지 못했다.

결국 신혼집 문제는 친정 부모님 집에 들어가기로 하면서 일단락되었다. 어렸을 때부터 힘겹게만 살아온 엄마의 인생이 언젠가부터 조금씩 잘 풀리게 되면서 아빠와 작은 주택 하나를 갖게 되셨다. 반지하부터 2층까지, 총 3층으로 이루어진 이 집은 반지하엔 월세를 내어주셨고, 1층엔 엄마와 아빠, 그리고 내가 살았으며 2층엔 중년 부부가 전세로 살고 계셨다. 내가 신혼집을 급하게, 그것도 적은 금액으로 다시 알아봐야 했기에, 같이 발품을 팔아주던 엄마는 그 금액에 구할 수 있는 집들을 보고는 마음이 아리다고 하셨다. 금이야 옥이야 키웠던 내 딸을 저런 집에 살게 할 순 없다고 생각이 들자, 그 길로 전세로 살고 계시던 2층의 중년 부부에게 사과하며 자초지종을 설명하셨다. 다행히 그분들도 동의해주시고 급히 집을 빼주셨다. 물론, 추가 이사비용까지 우리 부모님이 내주셨지만. 그렇게 우여곡절 끝에 신혼집 문제가 해결되고 났더니 결혼까지 한 달밖에 남지 않았다. 우리집 2층에 신혼집을 차리게 될 줄이야. 정말 상상조차 해본 적이 없었는데.

원했든, 원하지 않았든 원인제공을 남편 측이 했기에 그는 군말 없이 데릴사위가 되어야 했다. 1층과 2층은 주방과 화장실을 따로 사용하는 세대분리 구조였기 때문에 엄밀히 말하자면 데릴사위라고도 할 수 없었지만 말이다. 건물 구조가 조금 특이한데, 같은 대문을 사용하는 터라 2층으로 드나들기 위해선 1층을 반드시 지나가야 한다는 단점이 있었다. 우리집이자 신혼집인 곳에 처음 들어갈 때 그는 이런 상황에 대한 미안함이 조금은 있었던 것 같다. 물론 그런 미안함은 오래 가지 않았지만 말이다.

왜 나는 그 결혼을 멈출 수 없었을까. 결혼을 준비하면서도 그렇게 싸우고, 미워하고, 심지어는 증오심을 느낀 적도 있는데…

결혼을 코앞에 두곤 결국 그러한 마음들을 이렇게 합리화하기 시작했다. '작은 굴곡 하나 없는 삶이 있긴 할까.' 누구나 자신의 삶이 가장 굴곡지다 생각하며 살아가곤 한다. 사랑도 마찬가지, 굴곡 하나 없는 평행의 관계는 사실 무관심하고 무미건조한 관계라고도 볼 수 있다. 우리는 마음의 평정을 찾기 위해 사랑할 누군가를 찾지만, 도리어 이 사랑이 사람의 마음을 마구 흔들어 놓기도 한다. 심지어 마음의 안정은커녕 불안함과 불만, 괴로움에 휩싸이기 일쑤다. 함께 온갖 일들을 겪으며 감정이 얽히고설키다 보면 눈앞에서 분노하고 증오하면서도, 이내 사라지면 다시 끌어내어 보고 싶은 것이 연인의 얼굴이다. 설령 그 얼굴에 대고 다시금 쓴소리를 할지라도.

    살아보니 이제야 알겠다. 반대의 성향이냐, 비슷한 성향이냐가 중요한 것이 아니다. 처음에는 나도, 그도 서로 다름을 인정했고, 관계가 좋았다. 하지만 점차 시간이 흐를수록 서로 '달라서' 스트레스의 요인이 되고 끊임없이 갈등이 생겨났다. 누구는 달라서 뾰족뾰족했던 부분들을 조금씩 다듬고 다듬어서 맨질맨질 부드럽게 만들어 가라고 했다. 무엇보다 중요한 것은 '결'인 것 같다. 무언가를 바라보는 시선과 사고방식 말이다. 어떠한 상황을 인식할 때 얼마나 비슷하게 생각하고, 서로 공감할 수 있느냐에 따라 너와 나, '공동'의 행동이 결정된다.

    그렇게 나는 시간의 흐름에 내맡겨져 결혼식을 치렀다. 헤어, 메이크업을 내 멋대로 결정했다는 이유로 식장에 잔뜩 화가 나서 오신 시어머니와 그 모습에 적잖이 당황하여 대처 방법을 찾지 못했던 신랑과의 싸움을 지켜보며 웃음기 사라진 결혼식을.

내 삶의
한 줄기 빛

　　　　　　결혼 당일까지도 마음의 여유를 찾지 못하던 내가 안쓰러워서였을까, 하나님은 내게 생각지도 못했던 선물을 빠르게 주셨다. 신혼여행을 다녀온 이후로 몸이 쉽게 피로해졌고, 평소에는 불면증에 시달리던 내가 낮잠을 자야만 할 정도로 잠이 많아졌다. 몸이 축축 늘어지는 것이 꼭 몸살감기에 걸린 것 같았다. 기운이 없는 내게 엄마는 넌지시 임신 가능성에 대해서 물어보셨지만, 나는 극구 아니라며 손사래를 쳤다. 엄마에겐 아니라 부정했지만 생리도 주기보다 늦어지고 있었기에 내 자신도 확신할 수 없었다. 하지만 아직은 아니고 싶었다. 좋은 엄마가 될 수 있을지에 대한 자신도, 준비도 부족했다. 게다가 예식장에 들어서면서도 많은 의문과 걱정으로 인해 나조차도 삶의 여유가 없었기 때문에 내 아이에게 태어나면서부터 많은 짐을 지우고 싶지 않았다. 심지어 남편과 2세 계획에 대한 이야기를 구체적으로 나눠본 적도 없었다. 내 실수다. 원래의 나라면, 누구보다도 세밀하게 2세 계획을 세웠어야 했다. 하지만 결혼 준비 내내 정신이 없다 보니 정작 중요한 것을 빠뜨렸고, '결혼하고 나서 고민하면 되겠지' 하고 안일하게 생각했다.

아무에게도 말하지 않은 채 약국에서 임신테스트기를 사서 숨겼다. 그날 밤, 옆에선 남편이 천하태평하게 코를 골며 자고 있었지만, 나는 돌아누워 임신, 출산에 대해 연신 검색했다. 휴대폰 밝기를 잔뜩 낮춘 채, 연관 검색어를 따라가다 보니 출산 후 찾아오는 후유증과 가정의 불화 등도 엿보게 되었다. 아이를 갖고, 낳고, 기르는 것이 참 어렵고 힘들다는 것은 어렴풋이 알고 있었지만, 휴대폰 화면에 펼쳐진 몇몇 장면들은 내 상상을 아득히 뛰어넘는 것들이었다.

동네를 산책하다가 유모차에 아이를 앉혀놓고 브런치를 즐기는 엄마들을 보며 참 여유롭고 평화롭다 생각했는데, 그 이면엔 숱한 육아 전쟁과 다른 아이와의 비교, 부모의 갈등도 공존하고 있었을지도. 나는 어떤 엄마가 될지, 내 육아는 어떤 모습일지, 남들보다, 아니 남들만큼 잘할 수 있을지 자꾸만 나를 끌어내리고 내리느라 잠 한 숨 자질 못했다.

동이 트자마자 잘 숨겨두었던 임신테스트기를 들고 화장실로 향했다. 설명서에는 테스트 후 결과까지는 15분 정도가 소요

된다고 적혀 있었다. 테스트 후 조마조마하며 결과를 기다렸지만, 15분이 지나도 아무 반응이 없었다. '괜한 걱정이었네' 하며 테스트기를 쓰레기통에 버리려는데 테스트기에 진한 한 줄 옆으로 미세하게 보일 듯 말 듯한 한 줄이 더 보였다. 순간 등골이 싸늘해지고 걱정이 물밀 듯 몰려왔다.

　나는 임신테스트기를 들고 아랫집으로 내려갔다. 새벽예배에 가셨는지 엄마가 집에 계시질 않았다. 그대로 집에 불도 켜지 않고 거실 소파에 앉아 하염없이 눈물을 흘렸다. 나도 내가 왜 우는지 알 수 없었지만 흐르는 눈물은 멈추지 않았다. 아이가 생긴다는 건 행복하고 축복받은 일이라고만 생각해 왔는데, 막상 마주하니 막막해서였을까. 예상치 않았고, 계획에 없었던 일이었기에 더욱 당혹스러운 이 상황에 어찌할 바를 몰라 두려움만 앞섰다. 새벽예배에서 돌아온 엄마를 보자마자 어린아이처럼 붙잡고 한참을 울었다. 딸의 임신소식을 들은 엄마는 복된 일인데 왜 우냐며 다그쳤지만 눈물은 멈출 줄을 몰랐다.

　어느 정도 진정이 됐을까. 위층에서 출근 준비를 마친 그에게 희미한 두 줄이 담긴 임신테스트기를 건넸다. 그는 '이게 뭐냐?'라는 눈빛으로 나와 테스트기를 번갈아 보았다. "나 임신인가 봐... 아직 희미해서 확실하진 않아서 병원에 가볼까 해."라는 말에 그는 "... 병원 잘 다녀와."라는 말을 남기고 출근했다.

엄마는 정말 임신일지도 모르니 병원을 고르는 일에도 신중해야 한다고 하셨다. 내가 사는 지역에는 대다수의 임산부들이 찾는 여성병원 1곳과 조금은 멀지만 신설이라 시설이 깔끔하다는 산부인과 1곳, 기독교 재단의 여성병원 1곳이 있었다. 분명 신중하라 하셨지만 엄마는 마음속으로 이미 답을 내린 눈치였다. 엄마한테는 그런 것이 있다. TV에 나오는 연예인이 기독교인이라고 하면 조금 더 애정을 가지고 보시는 그런 맹목적인 믿음. 그건 나도 마찬가지였다. '신앙이 있는 분들이라면 조금이라도 더 잘해주시겠지' 하는 믿음이 있달까.

기독교 재단이 운영하는 여성병원의 진료실에 도착한 나는 주변을 둘러보았다. 책장에는 전공서적과 함께 신앙서적들이 빼곡하게 꽂혀 있었다. 그리고 한편엔 성경과 성경구절이 담긴 액자들이 있었다. 결혼 전에도 크고 작은 여성 질환들이나 극심한 생리통으로 인해 산부인과를 방문해 본 적은 있었지만, 임신 여부를 알아보러 와서인지 생소한 기분과 함께 몰려드는 긴장감에 조금만 건드려도 눈물이 날 것 같았다. 그런 내 마음을 알았는지, 아니면 나 같은 환자들이 많은지 의사 선생님은 차분한 목소리로 진료를 이어나갔고, 조금씩 마음에 안정이 찾아왔다. 엄마 손을 꼭 잡고 진료실 침대에 누워 초음파 검사를 하는데, 내 눈에는 보이지 않는 무언가가 의사의 눈에는 보였는지 임신이 맞다며 축하한다고 했다. 나의 출산 예정일은 9월 중순이라며.

집으로 돌아와 퇴근한 남편에게 임신 소식을 전했다. 무덤덤해 보였다. 애당초 표정변화가 크지 않았던 사람이기에 그러려니 하려 했지만, 내심 서운한 마음을 감추기가 어려웠다.

"내가 임신한 거 싫어?"

내가 동정녀 마리아도 아니고, 임신을 혼자 한 것도 아닌데 어찌 그리 조금도 기뻐하지 않을 수 있나 싶었다. 나조차도 하루 종일 '앞으로 어떻게, 무엇부터 해야 하나' 하는 걱정에 임신을 순수하게 기뻐하지 못했지만, 무표정한 남편을 마주하니 온통 그에 대한 서운함과 서러움이 밀려왔다.

그는 내가 임신한 것이 싫은 게 아니라 좀 당황스럽다고 했다. 본인이 짊어져야 하는 삶의 무게가 갑작스레 과중되는 것 같아 뭐라고 말해야 될지 모르겠단다. 그다운 대답이다. 그는 순발력이나 대처능력이 좋은 편이 아니었기에 갑작스레 벌어진 일에 대해선 우왕좌왕하는 일이 많았고, 우선순위부터 빠르게 해결해 나가기보다는 오래 고민해야만 생각을 정리하고 하나하나 행동에 옮길 수 있었다.

2세 계획을 구체적으로 세우지 않았던 우리에게 아이가 생긴 일 또한 그에겐 예상치 못한 일이었을 터. 아내에게 해줄 말을 미처 준비하지 못했을 것이고, 어떤 표정을 지어야 할지, 어떤 반응을 보여야 할지에 대해 생각해 봤을 리 만무했다. 다음 날 저녁, 퇴근한 남편의 손에는 꽃 한 송이가 들려 있었고, 아무 말 없이 건네는 그것이 그만의 축하방법이었다.

아이의 태명은 '샬롬'이라고 지었다. 엄마인 나와는 다르게 마음의 평안이 가득하길 바라며 지었다. 매일같이 아이의 얼굴을 상상하며 "샬롬아" 하고 불러보았다. 샬롬이가 우리에게 찾아왔을 때쯤 내가 다니던 직장에서의 갑질과 은근한 따돌림이 심해졌기에 나도 출산을 위한 휴식을 겸하여 큰 결심을 내렸다. 사회생활을 시작한 지 8년 만에 처음으로 휴식을 갖기로 한 것이다.

그렇게 순탄할 줄 알았던 임신기간은 결코 쉽게 넘어가주지 않았다. 나는 여자가 임신한 후 40주가 지나면 출산하는 것이 자연스러운 일이라고 생각했고, 배 속의 아이는 본인 성장 속도에 따라 그렇게 알아서 커가는 것이 당연하다고 여겼다. 주변에서 불임이나 난임으로 임신 자체가 어려운 경우는 봤어도, 임신하고 나서 힘들어하거나 아이가 장애를 갖고 태어나는 경우는 없었기 때문이다.

남들은 입덧으로 고생한다는데 나는 '먹덧'을 했다. 우리가 흔히 아는 대로 아무것도 먹지 못하는 입덧과는 다르게 '먹덧'이란 입맛이 자꾸 도는 입덧의 또 다른 증상이다. 원래 몸집이 작은 편이 아니었던 나는 임신 중 엄마가 해주는 비빔국수가 계속 당겼고, 엄마는 땀을 뻘뻘 흘려가며 삼시세끼 비빔국수를 해댔다. 양념장에 밀가루라니. 딱 살이 붙기에 최적화된 조합을 매일 입에 달고 살았더니 체중이 급격히 늘었다. 결국 정기 검진에서 체중조절을 해야 한다는 의사의 어명을 받고 나서야 하루에 한 끼만 비빔국수를 먹기로 합의를 보았다. 한동안 비빔국수를 끊었는데도 살이 계속 찌는 것이 이상해서 다시 병원을 찾았을 때, 내가 다른 산모들보다 부종이 심하다는 것을 알게 되었다. 그나마 평소에 운동을 좋아하던 나였기에, 부지런히 움직이고 걸어다녔더니 부종을 잡는 데 큰 도움이 되었다.

    먹고 싶은데 먹지 못하는 설움은 평소보다, 아니 다이어트할 때보다 임신했을 때 몇 배로 증가하는 것 같다. 체중관리조차 이렇게 호락호락하지 않다니 뭔가 좀 억울하기도 했지만, 배 속의 아이만을 생각했다. "엄마가 하는 모든 생각이 태아에게 전달된다." 어디선가 읽은 이 한 문장이 부정적 생각의 발목을 잡았고, 그때마다 하나님께 간절히 부탁드렸다. '하나님, 이 아이만큼은 지 같이 굴곡진 인생 살지 않게 해주세요.' 그깟 비빔국수 참는 걸로 시작해서 이런 생각까지 가다니, 너무 오버하는 거 아냐? 싶겠지만 임산부들에겐 밤톨 같은 작은 사건도 거대한 파도처럼 느껴질 때가 있다.

    아이를 낳으면 그제서야 비로소 어른이 된다는 말을 들어본 적이 있다. 아이를 낳고 길러봐야 인생의 참맛을 알게 되고, 세상을 바라보는 시선이 달라진다는 것이다. 내 자신의 눈만이 아닌 아이의 눈을 통해서 더 많은 것을 보고 경험하게 되면서, 한층 성숙해지기 때문 아닐까 싶다. 이와 관련하여 여자들의 능력이 임신과 출산을 통해 한층 향상될 수 있다는 연구 결과도 있다. 미국에 있는 리치먼드 대학교 연구팀이 '어미 쥐'와 새끼를 낳아보지 않은 일명 '처녀 쥐'들을 대상으로 실험한 결과 어미 쥐들의 먹이 활동이 5배나 빨랐고, 보다 용감했으며, 공간지각력이 우수했다고 한다. 어둡고 은폐된 곳을 좋아하는 쥐들에게 불이 환히 밝혀진 넓은 방은 공포스러운 상황으로 인식되는데, 새끼를 낳아 길러본 적이 있는 어미 쥐들은 이러한 상황에서 빨리 빠져나갈 방법을 찾으려고 분주했지만, 처녀 쥐들은 한쪽에 모여 웅크리고만 있었다. 새끼를 낳아 어미가 되면 공포와 관련된 신경호르몬의 양이 줄어들어 더 용감해진다는 주장이다. 미물인 쥐도 새끼를 낳아 길렀다는 것만으로도 이렇게 큰 변화를 겪는데 사람은 오죽하랴. 여자는 약하지만, 엄마는 강하다는 말이 괜히 있는 게 아니었다.

배가 점점 나오고 커질수록 신체적으로는 힘들었지만 기쁨은 커져갔다. 남편도 서서히 마음의 안정을 되찾아갔고, 우리 둘, 아니 이젠 셋의 가정을 꾸려가기 위해서 이런저런 이야기들을 많이 나누기도 했다. 아이를 위해서 내가 할 수 있는 일들을 생각해보다 '시편 쓰기'를 시작했다. 어떤 특별한 이유가 있어서가 아니라 성경을 필사하는 것이 태교에 좋다고 하여 '한번 써보자' 하는 마음에 시작했던 것이다. 아이의 태명이 '샬롬'이기 때문이었을까. 하루하루 말씀을 읽고 써 가는데, 내 마음에도 평안이 찾아오는 듯했다.

임신기간 중에도 해외 출장이 잦았던 남편이지만, 제 역할을 잘해줬다. 태아에게 밤마다 읽어주는 기도문이 있었는데, 출장 중에도 매일 저녁 기도문을 읽어주려 노력했다. 한국과 시차가 벌어진 나라에 갔을 때, 내가 잠드는 시간에 맞춰 기도문을 녹음해서 보내주기까지 했다. 이때가 우리 가족에게 가장 안정적인 시기였다.

샬롬이는 안정기에 들어서자 본인의 성장 주수에 맞게 잘 자라고 있었다. 태아의 움직임도 좋고, 산모의 몸무게가 꽤 많이 늘어났지만 다행히 태아의 몸무게는 평균에 맞게 잘 크고 있다고 했다. 정밀 초음파 검사나 기형아 검사에서도 이상이 없었다. 임신기간 동안 바빴던 남편은 출산 당일을 제외하고 단 한 차례도 병원에 같이 가지 못했지만 가장 예민했던 시기임에도 이상하게 남편에게만은 관대했다. 일하느라 바쁘니까 병원에 함께 갈 수 없는 것이 이해가 됐고, 도리어 너무 바쁜 탓에 몸이 상하진 않을까 걱정됐다. 아마 한 생명을 잉태한 어미의 따뜻한 마음이 아니었을까 싶다.

    그러나 평온함도 잠시, 출산 예정일이 다가올수록 몸이 아파왔다. 부종으로 인해 신발은 두 치수 더 큰 걸 신어야 겨우 맞을 정도였다. 35주쯤 되었을 때, 병원에서는 아무래도 임신중독증 같다며, 이 맘 때쯤 되면 바깥으로 나오기 위해서 태아의 머리가 아랫방향으로 돌아가 있어야 하는데 샬롬이는 바르게 서 있다고 했다. 의사 선생님은 내게 얼마나 견딜 수 있겠냐 물었고, '아이의 출산일을 내가 정할 수 있는 건가' 갸우뚱하는 나에게 설명이 이어졌다. "보통 40주를 채워 출산해야 아이의 장기들이 완전하겠지만, 37주만 되어도 태아의 장기들이 출산하기에는 충분히 자라게 됩니다. 산모는 현재 35주잖아요? 엄마 배 속에의 2주는 세상 밖의 2주와는 달라서 장기들이 자라는 데 큰 영향을 끼치니까 힘들고 아프겠지만 2주를 더 참고 적어도 37주를 채울 수 있겠는지, 견뎌보겠는지를 묻는 겁니다. 산모의 의지가 중요해요." 나는 무조건 기다리겠다고, 만약 37주까지 기다려도 샬롬이의 머리방향이 위로 서 있다면 제왕절개로 아이를 꺼내겠다고 대답했다. 엄마로서 내가 할 수 있는 것은 그저 견디고, 기다리고, 기도하는 일뿐이었다.

'하나님, 제가 잘못했어요. 그냥 다 잘못했어요. 아이만은 온전하게, 건강하게 태어나게 해주세요. 앞으론 제가 잘할게요. 투정 안 부릴게요. 저는 아파도 되니까 아이만은 어떠한 장애도 없이 건강하게 태어날 수 있게 해주세요. 제가 누려온 모든 것이 하나님의 은혜인데 잊고 살아서 죄송해요. 하나님, 제발 도와주세요.'

생각나는 대로 기도했다. 왜 '죄송하다'라는 말이 가장 먼저 나왔는지는 알 수 없지만, 기도할 때마다 자꾸만 그 말이 아이가 건강하게 태어나게 해 달라는 말보다 먼저 입 밖으로 튀어나왔다. 감사하게도 하나님은 그때마다 마음의 평안과 위안을 주셨다.

그렇게 무사히 의사가 말한 2주를 꼬박 채울 수 있었지만, 샬롬이는 머리가 아랫방향으로 돌아가지 않아서 37주 만에 제왕절개를 하기로 결정됐다. 살면서 처음으로 전신마취를 하는 수술을 받게 되니 몹시 긴장되었다. 수술실로 이동하기 전 분만실에서 엄마가 기도를 해주시는데 눈물이 왈칵 났다. 아이러니하게도 모든 것이 무서웠지만 또 모든 것이 설레었다. 수술 침대에 눕자, 담당 의사 선생님이 들어오시고는 아이의 태명을 물으셨다. '샬롬이'라 대답하자 샬롬이를 위해서 기도하고 수술을 시작해도 되겠냐 물으셨고, 나는 고개를 끄덕였다. 수술방에 의사 선생님의 기도 소리가 울리고 간호사님들과 마취과 선생님도 함께 기도를 해주시니 마음이 훨씬 편해졌다.

"마취 시작하겠습니다. 숨 크게 들이쉬세요. 하나, 둘…"

이후에 눈을 떠 보니 수술이 모두 끝나 있었고 하복부 통증이 어마어마했다. "선생님…" 내가 있는 힘껏 손을 뻗어 지나가는 간호사님을 부르자 다가오셔서 "산모님, 눈 뜨셨어요? 예쁜 공주님 보여드릴게요." 했다. 몇 분이 지나자 간호사님에게 아주 작은 아이가 안겨 왔다. 회복 침대에 누워 있었던 나는 하복부 통증에 몸을 일으킬 수 없었기에 간호사님은 몸을 숙여 내 얼굴 가까이로 아이를 보여주셨다. 눈을 뜨지 못하고 꼼지락 움직이는 아이의 얼굴엔 엄마의 배 속에서 제 몸을 보호하던 태지가 여기저기 붙어 있었다. 양수에 오랫동안 있다가 이제 막 세상에 나온 아이는 쪼글쪼글하고 빨갛기는 했지만, 오밀조밀 눈코입이 그 작은 얼굴에 모두 붙어 있다는 것조차 신기하고 경이롭기까지 했다. 3.14kg의 여자아이. 건강하게 태어난 샬롬이를 더 오래 보고 싶었는데 신생아실로 가야 한다며 데려가셨고, 나는 곧 병실로 옮겨졌다.

제왕절개 수술을 한 첫날은 움직이기 힘들어 아이를 보러 갈 수 없었다. 일어나 앉을 수도 없었고, 기침을 하면 복부 통증이 심하여 괴로웠다. 의사 선생님이 제왕절개 수술을 하면 2~3일 정도 뒤부터 아이를 보러 갈 수 있다고 했는데, 아이가 너무 보고 싶었

다. 다음 날 눈을 뜨자마자 일어나 앉기를 시도했고, 하복부 통증도 참아내며 수액을 걸어놓은 이동식 폴대에 의지하여 한 발짝 한 발짝 움직였다. 평소 같았으면 병실에서 신생아실까지 2~3분이면 이동할 거리를 20분이나 걸려 도착했다. 드디어 신생아실 커튼이 열리고 샬롬이의 얼굴을 자세히 볼 수 있었다. 어쩜 유전자의 힘은 이리도 대단한지 나와 남편의 얼굴을 골고루 닮은 아이였다. 누가 봐도 내 새끼임이 확실했다. 신생아실 간호사님이 나오더니 모유수유 콜(call)을 신청하겠냐고 물었다. 모유수유 콜은 24시간 밤낮으로 아이가 젖을 먹어야 할 때면 산모를 불러서 아이에게 젖을 물리게 하는 전화서비스다. 이에 아이를 한 번이라도 더 보고 싶었던 나는 그렇게 하겠다고 했다.

병실로 돌아온 지 얼마 지나지 않아 아이에게 첫 젖을 물리러 내려오라고 신생아실에서 전화가 왔다. 한 번 해봤다고 두 번째 내려갈 때는 시간이 좀 단축됐는데 아이가 배고파 할지 모르니 서둘렀던 탓도 있는 듯하다. 신생아실에 도착해서 나이가 지긋하신 간호사님에게 젖 물리는 방법을 배운 나는 샬롬이를 조심스레 안고 배운 대로 첫 젖을 물렸다. 젖을 문 샬롬이가 입을 오물거리는 순간, 감동스러워 울컥했지만 아이를 안고 울 수 없어 눈물을 삼키느라 애를 먹었다. 그렇게 어둡고 차갑던 내 인생에, 내 삶의 한 줄기 빛이 품에 안겼다.

삶은 개구리
증후군

아무리 지우려 해도 지워지지 않는 자국이 있다. 유난히 도드라져서 감추려 해도 감춰지지 않는 자국 말이다. 우리집에도 그런 자국이 있다. 가끔 우리집 공주가 "엄마, 왜 벽에 멍이 들었어?" 하고 묻곤 하는데 그럼 나는 대답 대신 씨익 웃고 만다. 공주는 대답이 듣고 싶다는 듯이 고개를 갸우뚱하며 나를 바라보지만 나는 아무 말도 해줄 수가 없다.

벽에 멍이 들게 된 사건은 공주를 임신한 지 7주쯤 되었을 때 일어났다. 동호회에서 만나 결혼까지 한 우리 때문에 동호회 친구들은 이미 난리가 나 있었고, 게다가 내가 임신까지 했으니 겹경사라며 집들이를 독촉했다. 결국 3월의 첫 날이 집들이 날짜로 결정되었고, 꽤 많은 친구들이 집들이에 왔다. 평소에는 동호회 연습실에 갔을 때만 몇몇이 서로 얼굴을 볼 수 있었기에, 이렇게 다

같이 모이는 일이 흔하지 않아 왁자지껄 분위기가 좋았다.

밤이 깊어가자 하나둘씩 집으로 돌아가기 시작했고, 남편과 친하게 지내던 친구 몇 명만 남게 되었다. 친구들이 사온 술을 거나하게 마셔서 기분이 좋았던 남편은 이미 취할 대로 취한 듯 보였지만 그에게 "취했어, 그만 마셔."라는 말은 분노 상승 버튼을 누르는 것과도 같았기에 좋은 날 그 버튼을 굳이 누르고 싶진 않았다. 당시 나는 임신 7주쯤이었을 때라 늦은 시간까지 자리를 지키는 것이 꽤 힘들었고, 남편에게 뒷정리를 부탁하고는 안방으로 들어갔다.

안방으로 들어가 잠이 든 뒤 얼마쯤 지났을까. 인기척이 없어서 다들 갔나 싶어 거실로 나갔더니, 친구 한 명이 대자로 뻗어 있었다. 그런데 다른 친구 한 명과 거실에 분명 있어야 할 남편이 보이지 않았다.

―

그는 내가 원했던 대로 성실함을 갖춘 남자이긴 했다. 하지만 그 '성실함'에 꽂혀 간과한 것들이 너무 많았을지도 모르겠다. 한 부서에서 오래 근무했기 때문일까. 그의 업무 스트레스는 상당했고, 그는 그 스트레스를 술로 달래곤 했다. 가볍게 한두 잔만 마시고 들어간다던 것이 서너 잔으로 늘어나는 것은 시간 문제였고,

급기야 술을 마시면 연락이 안 되기 시작했다. 결혼 준비를 하면서도 그가 술을 마시면 연락이 안 되는 일이 꽤 자주 있었고, 어느덧 술버릇이 되어 갔다.

끓는 물에 개구리를 넣으면, 개구리는 그것이 뜨거운 물이라는 것을 바로 알아채고 뛰쳐나와 살 수 있다. 반면에, 차가운 물에 개구리를 넣고 물을 아주 서서히 데우면 물이 뜨거워지고 있음을 알아채지 못하고 결국 죽게 된다고 한다. 아마도 개구리는 아예 알아채지 못한 것이 아니라 '응? 좀 뜨거워진 것 같은데? 그래도 이 정도면 괜찮겠지?' 하는 안일한 태도를 가졌던 게 아닐까.

사소하지만 점점 고조되는 위험을 인지하지 못하거나, 그에 대한 적절한 대응을 하지 않으면 결국 큰 화를 당하게 된다는 이 '삶은 개구리 증후군'이 나에게도 적용되는 것 같다. 나는 그때 알아채야 했다. 내가 발을 담그고 있는 물이 뜨거워지고 있음을, 내가 지금이라도 발을 빼지 않으면 더 큰 화를 당할 거라는 걸. 하지만 삶은 그리 녹록치도, 간단하지도 않았다. 이미 양 눈에 콩깍지가 단단하게 씌워져버린 나로서는 이 물의 온도를 알아챌 정신이 없었다. 그러는 사이 물은 점점 더 뜨거워지고 있었다.

―――

결혼 전 어느 날, 그날도 그는 퇴근 후 동료들과 함께 술자리를 가졌다. 일주일에 두세 번이 기본이 되어버린 그의 술자리에 지쳐 있던 나는 밤이 깊어지자 '술 좀 그만 마시라'는 톡을 보냈고, 그에게서 알아볼 수 없는 글자들이 답장으로 왔다. 이미 취할 대로 취했다는 것을 직감한 나는 그에게 전화를 걸었다. 신호음은 갔으나 받지 않았다. 음성사서함으로 연결한다는 안내 음성에 종료 버튼을 누르고 다시 전화를 걸기를 수차례. 그렇게 다섯 번 만에 그가 전화를 받았다.

"술 취한 것 같은데 이제 그만 마시고 집에 가는 게 어때." 차오른 분노를 최대한 누그러뜨리고 그에게 말했다. 돌아온 답변은 가관이었다. "엉에~" 아마도 "뭔데?"를 말하고 싶었나보다. "뭐가 아니고 그만 마시고 집에 가라고..."라는 말을 마치자마자 횡설수설하는 그의 말들이 휴대폰을 타고 내 귀로 흘러들어왔다. 그 말들 중에서 유일하게 알아들을 수 있는 단어들이 있었는데, 그것은 지금까지 살면서 다른 연인들에게는 한 번도 들어보지 못했던 말, 바로 욕이었다.

너무 충격적이었던 터라 말을 잇지 못하고 휴대폰만 간신히 붙잡고 있었는데, 할 말을 마친 듯 그가 먼저 전화를 끊었다. 몇 분이 흘렀을까. 멍하니 내가 들은 말을 곱씹어보고, 이게 무슨 상황인지 고민하다 다시 전화를 걸었을 땐, 전원이 꺼져 있다는 안내 음성만 들려왔다. 불안해진 나는 차로 40분 거리나 떨어진 그의 집과 회사 근처를 돌아다니며 그를 찾기 시작했고, 우여곡절 끝에 겨우 찾아낼 수 있었다. 인사불성인 채로 자기 두 발로 제집에 들어가 곯아떨어진 그를. 이후에 우리가 어떻게 화해했는지, 그가 나에게 사과를 하기는 했는지는 사실 정확히 기억이 나지 않는다.

그에게 술이란 억압된 자신을 봉인 해제하는 용도로 쓰이는 듯했다. 온갖 잡념을 벗어 던지고 시원하게 해갈시켜주는 역할. 그런 사람에게 "술 좀 그만 마시라."는 말은 분명 듣기 싫은 말이었을 거다. 유일한 탈출구를 틀어막는 것처럼 들렸을 테니까. 그래서인지 그는 그 말에 매우 민감하게 반응했고, 그 말을 듣는 순간 마치 마징가z의 로켓 주먹이 발사라도 되듯 분노 게이지가 단박에 상승했다.

이후에도 그는 술을 마시면 자주 휴대폰을 잃어버리거나, 길을 잃거나, 정신을 잃었다. 엄밀히 말해서 자기 자신을 잃는 것이다. 그때의 나는 그런 일이 일어날 때마다 '괜찮아. 이 정도는 괜찮아.' 하고 그 일을 합리화하거나 수긍해버리곤 했다. 술 문제만큼은 그와 대화가 되지 않는다고 내 스스로 판단하여, 문제를 해결하기보다는 받아들이는 쉬운 길을 택했다. 결혼준비를 할 때쯤에는 내가 한 선택을 돌이키는 것이 두려웠고, 술 문제에 대해 그와 원만한 합의점을 찾는 일은 버거웠다. 물론 처음엔 나도 "다신 그러지 않을게."라는 그의 말을 믿은 적이 있다. 연인 사이에 "다신 그렇지 않겠다."는 말이 클리셰처럼 뻔한 대사였다는 것을 나는 왜 몰랐을까.

삶은 개구리 증후군

이제 와 생각해보면 우리는 한 어항 속에 살고 있는 개구리 부부였다. 어느 한 마리도 "물이 뜨거워지고 있으니 도망치자."라거나, "같이 살 방법을 찾아보자."라는 대화는 하지 않은 채, 현실에서 각자도생할 방법만을 찾고 있었던 것 같다. 그 어항 속에 살고 있던 남편 개구리는 또 얼마나 많이 '이 정도는 괜찮아'를 되뇌고 있었을까.

그가 술을 마셨을 때, 분노 게이지 상승 버튼을 수시로 누른 사람은 나였다. 그 버튼을 누르지 않는 방법을 나는 잘 알고 있었다. 외면하거나, 피하거나, 받아들이거나. 하지만 내 못되고 예민한 성정은 그 버튼을 눌러야만 직성이 풀렸다. 그의 잘못된 음주 습관을 고치지는 못할지언정 적어도 알려주고는 싶었다. '넌 내게 또다시 같은 문제로 잘못했으니까 용서를 구해야 해.'라는 생각이 기저에 깔려 있었다.

처음엔 그도 '이 정도는 괜찮아. 내가 잘못했잖아.'라며 나의 이런 부분을 포용해주고 이해해줬지만 점점 힘에 부쳤을 거다. 사람은 정도를 지키기 마련이라는데, 나는 그 정도를 모르고 술 문제가 발생할 때마다 계속 더, 더, 더 기고만장해졌다. 그러니 그도 술을 마셨을 때만이라도 술기운을 빌어 나에게 어떤 모양으로든 도전장을 내밀고 싶었을지도 모른다. 그걸 취중진담이라고 했어야 하나.

다시 집들이 날로 돌아와서, 친구와 함께 사라진 그를 찾은 곳은 동네 노래방이었다. 술을 마시면 종종 정신을 잃고, 연락이 안 되던 남편의 술버릇 때문에 남편 몰래 설치해 둔 위치추적 어플이 빛을 발하는 순간이었다. 술 문제로 곤욕을 치르다가 남편 휴대폰에 위치추적 어플을 설치할 땐 살다 살다 내가 이런 짓까지 해야 하나 싶었는데... 그를 데리러 갈까도 생각했지만 노래방에 전화를 걸어보니 영업시간이 끝나 간다고 하여 어쨌든 집으로 돌아올 것 같아 거실에 앉아 기다렸다.

시계를 보니 새벽 3시, 아랫배가 저릿했다. 엄지손가락에 붙여둔 밴드에는 이미 꽤 피가 스며들었다. 불안하면 검지와 중지 손가락으로 엄지손톱을 뜯는 버릇 때문에 나의 엄지손가락은 엉망이었다. 사실 내 마음이 훨씬 더 엉망이었지만...

30분쯤 지났을까, 친구와 남편이 신난 듯이 흥얼거리며 현관 도어락을 누르는 소리가 들렸다. 아랫집에 우리 친정 부모님이 살고 계신다는 것과 지금은 새벽 3시 30분이라는 것을 아주 새까맣게 잊고 있는 듯했다. 2층으로 우당탕탕 올라오는 소리가 들리더니, 이윽고 문이 열렸다. "어! 왜 안 자고 있었어?" 하며 나를 향해 걸어오는 그에게서 술 냄새가 심하게 났다. 같이 들어온 친구는 나를 보더니 내 눈치를 살폈다. '그래. 너라도 눈치가 있어서 다행이다.' 눈치를 살피던 친구는 갑자기 졸리다며 작은 방에 가서 자도 되겠냐고 물었고, 나는 그러라 했다.

거실에 대자로 뻗어 있는 친구1, 머쓱하게 작은 방으로 들어간 친구2, 거실 바닥에 널브러진 온갖 술병들과 안주들 그리고 취한 그와 그를 노려보는 나, 새벽 3시 30분. 모든 것에 이질감이 느껴졌다. 조용히 그를 안방으로 데려와 방문을 닫았다. 나는 침대에 걸터앉았고, 그는 화장대 의자에 앉았다. 사방이 조용해지자 그는 갑자기 졸음이 밀려오는 듯 눈을 껌뻑껌뻑하며 졸고 있는데 어이가 없었다. "뭐해." 정신을 차리라며 한마디 던지자, 그가 휴대폰을 꺼내려는 듯 주머니에 손을 넣었다 뺐는데 휴대폰과 함께 무언가 툭 하고 떨어졌다. 전자담배였다.

"이건 뭐야?"

"전자담배. 근데 내 거 아니야."

"네 것이 아닌데 왜 네 주머니에서 나와."

"몰라. 내가 어떻게 알아."

"지금 이게 말이 된다고 생각해?"

"아씨, 그만 좀 해."

"뭘 그만해?"

그의 말대로 그날은 그만했어야 했을지도 모른다. 하지만 나도 이미 분노하고 있었고, 피해자라는 생각에 사로잡혀버렸다.

1. 나는 임신 7주차 임산부다.
2. 몸이 힘들어도 집들이에 온 사람들이 먹고 마시는 동안 최대한 친절히 응대했다.
3. 말없이 사라진 술 취한 남편을 새벽까지 기다렸다.
4. 한껏 흥에 취해 귀가한 남편은 끊겠다고 약속한 담배를 소지하고 있고, 심지어 자기 것이 아니라고 거짓말을 한다.
5. 누가 봐도 난 억울한 피해자다.

생각이 이렇게 흐르자, 지금 당장 이 문제를 해결하지 않으면 안 되겠기에 술에 취할 대로 취한 그를 몰아붙였다. "담배 끊겠다고 약속하지 않았어? 한 아이의 아빠가 될 사람인데 왜 아직도 담배를 피우고 있어? 차라리 피웠으면 피웠다고 하지 왜 거짓말을 해? 비겁하고 옹졸해." 내가 할 수 있는 비난이란 비난은 그 자리에서 모두 퍼부었다. 그러자 그는 분노가 가득한 눈으로 쥐고 있던 전자담배를 그대로 벽에 내리쳤다. 퍽 하는 소리와 함께 전자담배는 그대로 산산이 부서졌고, 그의 주먹에는 상처가 났다. 마음이 부서진 나는 바닥에 주저앉아 하염없이 울었다. 그렇게 우리집 벽엔 멍이 들었다.

이혼 후 그가 없는 집의 가구들 위치를 바꾸면서 벽의 멍자국을 가려보려 애써보았지만 하필이면 붙박이장의 문이 여닫히는 바로 앞이라 다른 가구를 놓을 수도 없었다. 그렇게 나는, 우리는 이 집에 사는 동안은 그 멍자국을 계속 마주할 수밖에 없게 됐다. 그 자국을 볼 때마다 '삶 속에서 누굴 만나고, 누구와 살아가든 아무리 화가 나고 억울하더라도 한 박자 숨쉬고 이야기하자'는 다짐을 한다. 시간이 지나면 벽의 멍자국도, 내 마음의 멍자국도 조금씩 옅어지겠지.

내 아들이 최고야

"나는 시댁이 멀어서 명절 때나 찾아뵙지."
"우린 아들 태어나고 나서는 두 달에 한 번쯤? 아무리 거리가 가까워도 자주 가긴 어렵지 않나? 애기 있기 전엔 거의 안 갔어. 각자 부모님한테 전화나 했지."

친한 친구들이 비슷한 시기에 결혼을 하다 보니 만나는 날엔 자연스레 결혼생활 이야기가 대화의 주제가 되곤 했다. 그중 늘 빠지지 않으면서도 가장 많은 비중을 차지하는 주제는 '시댁 이야기'였다. 한국 사회가 제아무리 가부장적 사회에서 많이 벗어나 모계 사회로 변화하고 있다 하더라도 깊게 뿌리내린 문화는 쉽게 바뀌지 않기에 '며느리' 타이틀을 가진 이들은 어느 정도 스트레스를 안고 살기 마련이다. 물론 며느리 입장에서 하는 말이지만.

나의 시집살이는 상견례 자리에서부터 이미 예정되어 있었는지도 모르겠다. 나는 그리 신여성이 아니었음에도 '결혼은 공평하게!'를 전제로 두고 있었고, 당연지사 상견례 자리도 남편 집과 우리집 중간 어디쯤으로 하는 것이 옳다고 생각했다. 그런데 주변 어른들의 생각은 달랐다. "남편이 될 사람 집 근처에서 상견례를 하는 것이 맞다."는 결혼 선배들과 직장 상사들의 조언에 나는 우리 부모님께 양해를 구하고 남편의 집 근처에서 가장 좋은 한식당을 예약했다.

　상견례 당일, 먼저 도착했다는 그의 문자에 엄마와 아빠를 모시고 식당 룸 안으로 들어가면서 "안녕하세요." 인사드렸다. 예비 시어머니는 앉으신 채로 "왔니?"라고 짧게 대답하셨고, 그 옆에 앉아계신 아버님은 내게 눈인사를 하셨다. 우리 부모님이 "처음 뵙겠습니다." 하고 인사하시자, 같이 인사는 하셨지만 자리에서 일어나지는 않으셨다. 나는 다소 당황하여 그를 살짝 쳐다보았지만, 그는 뭐가 잘못되었는지를 모르는 눈치였다. 나는 바로 다시 엄마의 눈치를 살폈다. 엄마의 표정이 일순간 좋지 않은 듯싶더니 엄마는 이내 표정을 고쳐 미소를 띠고 이야기를 이어갔다.

　상견례의 주된 내용은 결혼준비와 결혼식에 관련된 이야기였다. 이미 예단이나 예물 같은 것은 하지 않기로 양가 합의가 된 상황이었기에 그런 것에 대한 이야기는 일절 없었다. 결혼식 날짜는 12월 중순쯤으로 잡혔고, 결혼식 장소는 차차 알아보고 논의

하기로 했다. 이런저런 이야기들이 일단락되자 시간이 오래 지나지 않았음에도 더이상 나눌 이야기가 없었다. 상차림이 이어지고, 식사 중간중간 어색한 정적이 흘렀다. 어머님은 그 정적을 끊어내고 싶으셨는지 여러 이야기들을 늘어놓으셨는데, 대부분은 본인 아들 자랑이었다.

아들의 매우 어렸을 적 이야기부터 다 크고 나서의 일들까지 자신의 아들이 얼마나 잘 커왔는지에 대한 이야기들을 앞에 놓인 한정식처럼 거하게 한 상 차려 놓으셨다. 어머님이 이야기하시는 내내 엄마와 아빠는 묵묵히 듣고만 계셨다. 그도 그럴 것이 어머님이 "따님은 어떠셨어요?"와 같은 질문을 한 차례도 하지 않으셨으니 평소 자랑 같은 것은 해본 적이 없는 엄마와 아빠가 나서서 내 자랑을 할 리가 만무했다. 나는 상견례 내내 양가 어른들의 눈치를 살피느라 마음이 불편하고 어려웠다. 예비 신랑, 신부라면 누구나 그러려나.

상견례가 끝나고 양가 부모님이 집으로 돌아가신 뒤 그와 카페에서 커피를 마시며 상견례 이야기를 슬며시 꺼내보았다. 그의 상견례 만족도는 꽤 높았다. 어머님의 기분이 좋아보였다는 이유에서였다. 그가 만족한다는데, 굳이 긁어 부스럼을 만들 필요는 없을 것 같아서 이런저런 이야기는 하지 않고 넘어갔다.

결혼을 준비하는 내내 여러 난관에 부딪혔는데, 예식장을 고르는 일도 만만찮았다. 어머님은 예식장도 신랑 측이 정하는 장소에서 해야 한다고 하셨다. 사실 내 주변 사람들이 결혼할 때는 양가의 중간 지역에서 하든, 양가의 지역과는 무관하게 마음에 드는 예식장에서 하든, 둘 중 한 명의 본가가 먼 지방이면 한 명이 양보하든 했다. 나도 예식장은 위치와 무관하게 '가성비가 좋은 곳', '밥이 맛있는 곳' 이 두 가지 원칙으로 정하면 된다고 생각하고 있었다. 그에게 어떻게 했으면 좋겠는지 묻자, 어머님이 반대하시면 자기가 막아주겠으니 내가 원하는 대로 하란다. 아마 결혼을 준비하는 동안 본인의 해외 출장으로 인해 나 혼자 발품을 팔아야 하는 일이 잦았기에 내게 도움을 주고 싶어서였을 거다.

애당초 내 스스로도 나의 까칠하고 예민한 성격을 잘 알기 때문에 웨딩플래너와 힘들게 씨름하느니 나 혼자 힘든 것이 낫겠다 싶어서 웨딩플래너도 두지 않았다. 평이 좋은 예식장은 대부분 서울에 있었는데, '굳이 둘에게 연고도 없는 서울에서?' 하는 생각이 들어서 그가 사는 지역과 내가 사는 지역의 예식장을 각각 2~3개씩 알아보았다. 결혼식 비용, 음식, 꽃값, 접근의 용이함 등의 카테고리를 나누어 엑셀 파일로 정리한 후 1, 2, 3순위까지 추린 나는 모든 곳을 방문하여 비교해보고, 심사숙고한 끝에 예식장을 결정했다. 물론 결정하고 계약하는 데 양가 부모님의 허락은 따로 받지 않았다. 내가 원하는 대로 결정하라던 그의 말도 있었고, 우리도 성인이니 이 정도쯤은 알아서 정리한 뒤 말씀드리면 되겠지 싶었다. 나도 일을 하는 직장인이었기 때문에 이것저것 알아보는 것도, 시간을 쪼개어 발품을 파는 것도 쉽지는 않았지만 우리의 결혼을 위해 최선을 다했다.

여러 조건을 비교하여 결정한 예식장은 내가 살고 있는 지역에 위치하고, 지하철역과 가까워 접근성도 좋은 편이었다. 예식장을 정했다고 양가 부모님들께 말씀드리자마자 문제가 터졌다. 결혼준비에 대해 아무 말씀도 없으시던 아버님께서 아버님 고향 친구들이 오기에 불편한 위치라는 이유로 예식장을 바꿨으면 좋겠다 하셨다. 순간 아등바등하는 내 최선이 부정당하는 것 같아 기분이 상했다. 사실 아버님이 말씀하신 그 '고향 친구들'은 아버님이 한 달에 한 번씩 모임을 갖는 분들인데 고향 전라도에 그대로 살고 계신 것이 아니라 서울이나 경기도에 올라와 삶을 꾸리고 계신 분들이다. 그 사실을 내가 모르는 것도 아닌데 그 이유로 예식장을 바꾸라고 하시니, 그저 내가 혹은 뭔가가 마음에 들지 않아서 그러신다는 생각밖에 들지 않았다. 이번에는 나도 한 치의 물러섬 없이 우리의 결정대로 하겠다 말씀드렸다. 결국 예식장은 내가 선택한 곳에서 하는 것으로 마무리됐지만 그 찜찜함이란...

이후에도 앞서 언급한 신혼집(처가살이) 문제, 가전제품을 고르는 문제 등 정말 여러 일들로 어머님과의 갈등이 잦았다. 특히

나 기독교 집안인 나와 천주교 집안인 그의 결혼으로 예식 방식을 예배로 하느냐 천주교 방식으로 하느냐를 두고 갈등이 극에 달했는데, 주례 없는 결혼식을 진행하는 것으로 합의점을 찾으며 조용히 무마되기도 했다. 이때부터 나는 시댁과 문제가 발생하면 갈등을 해결하기보다 그저 덮어두는 방식을 선택했다. 그렇게 서로는 언제 터져도 이상하지 않을 폭탄이 되어 갔다.

―

　　결혼식 당일 우리 부모님은 혼주 메이크업을 예식장에서 받았고, 시부모님은 살고 계신 곳과 가까운 유명 메이크업 숍을 더 비싼 비용을 들여 예약해 드렸다. 물론 미리 말씀드린 부분이었다. 신부 메이크업에 혼주 메이크업이 서비스 개념으로 포함되어 있어서 친정 엄마, 아빠의 메이크업 비용은 추가로 지출하지 않으려는 단순한 생각이었다. 하지만 오해가 생기려면 어떻게든 생기고, 작은 불씨에도 불이 크게 번지는 법이라 했던가. 어머님은 우리 엄마, 아빠처럼 예식장에서 편히 받을 수 있는 메이크업을 본인들은 힘들게 이동해 가면서 받고 왔다며 기분이 상하셨고, 식장에 도착하자마자 본식 전 사진 촬영 중이던 아들을 붙들고 따져 묻기 시작하셨다. 그도 결혼 당일까지 화를 내는 어머님의 모습에 적잖이 기분이 상하여 큰소리를 내기 시작했고, 우리의 결혼식은

화가 난 신랑과 잔뜩 뿔이 난 어머님의 얼굴이 담긴 가족사진을 찍으면서 끝이 났다.

    신혼여행지는 칸쿤과 뉴욕이었는데 9박 10일의 다소 긴 일정이었다. 신혼여행 기간은 크리스마스와 새해를 낀 극성수기여서 물가도 높았고, 여행객도 넘쳐났다. 하지만 결혼식이라는 큰일을 치러낸 후라 정말 오랜만에 가벼운 마음으로 먹고, 보고, 즐겼다. 뉴욕 타임스퀘어에서 본 새해 첫날의 볼드랍(Ball drop)은 지금도 잊을 수 없는 추억이다. 그럼에도 신혼여행에서 가장 잊지 못할 추억(?)을 꼽으라 한다면 그것은 다름 아닌 쇼핑이다.

    신혼여행 첫날 잘 도착했다는 메시지를 양가 부모님께 보내자마자 시어머님께 전화가 왔다. 통화내용의 요지는 이모님과 외삼촌 세 분, 외할머님의 선물은 꼭 챙겨야 한다는 것이었다. 특히 이모님과 할머님은 '싸구려 아무거나'는 안 받으신다는 말과 함께 통화는 종료됐다. 어머님과 통화하는 내내 내 표정이 좋지 않았는지, 나를 바라보는 그의 표정에 물음표가 가득했지만 신혼여행까지 와서 싸우고 싶진 않았다. 그래서 대강의 내용만 수위를 낮춰 전달하고는 장시간 비행으로 지친 몸을 이끌고 잠을 청했다.

    그 통화 이후로 칸쿤에선 사실상 계속 쇼핑몰만 찾아다니다시피 했다. 액티비티 하나 하고 나면 쇼핑몰을 찾아가길 반복했는데, 거금을 주고 예약한 올인클루시브 리조트를 제대로 즐기기는커녕 '싸구려 아무거나'를 사면 안 된다는 조급함에 쇼핑몰을 돌

내 아들이 최고야

고 돌았다. 며칠간 나를 짓누르던 '시댁만을 위한 쇼핑' 스트레스에, 다리와 발바닥 통증이 계속되자 갑자기 이 부당함에 몹시 화가 났다. 나도 모르게 "우리 가족 챙기라는 말은 왜 안 해! 어머님이 안하시면 너라도 해야지!" 하고 쇼핑몰 중앙 분수에서 그에게 소리쳤다. 어머님과의 전화통화 내용을 대강만 전해들었던 그는 얼빠진 표정이었다. 나는 분을 참지 못하고 씩씩거리다 눈앞에 보이는 마이클 코어스 매장에 들어가 엄마가 평소에 들고 다니지도 않던 스타일의 가방을 사버렸다. 그때 쇼핑백을 들고 나를 졸졸 쫓아다니던 그는 무슨 생각을 했을까. 신혼여행 중 그에게서 가장 많이 들은 말은 "미안해."였다.

어머님과 아버님은 우리가 결혼생활을 하는 동안 우리집에 딱 한 번 오셨었다. 우리집이 친정 부모님이 살고 계신 집 바로 위층이기에 불편하시기도 했겠지만, 아버님이 내세우신 표면적인 이유는 두 가지다. 첫 번째, 주택들이 빼곡하게 들어찬 우리 동네엔 주차하기 어렵다는 것이었다. 아들이 어렵사리 번 돈으로 구입했지만, 정작 아들은 한 번도 끌어보지 못한 그 준대형 suv, 그 차를 아버님은 매우 소중히 여기셨다. 두 번째, 우리집에 처음이자 마지막으로 오신 그날 아버님은 배웅하는 내게 "너희가 다음에 아파트 사면 그때 놀러올게. 집이 너무 좁다."하셨다. 아마도 우리집이 아파트가 아닌 게 못마땅하신 거겠지.

 이 기억이 도무지 잊히지 않아서 이혼할 즈음에 "아버님이 하셨던 그 말이 나에게는 너무 상처가 되는 말이었어." 설움에 복받쳐 그에게 얘기했지만 "아버지가 농담 좀 했을 뿐인데 뭐 그런 말에 상처받았냐."라며 대수롭지 않게 여겼다. 하지만 그 '농담'은 나에게 큰 상처를 남겼다. 친정집 위층에서 처가살이로 신혼살림을 시작하게 된 것에 나로 비롯된 이유는 전혀 없었는데 마치 내게서 그 이유를 찾는 것 같았다. 무엇보다 '삐까뻔쩍 신축 건물도, 넓고 쾌적한 고층의 아파트도 아니지만 나와 엄마, 아빠가 부족함 없이 알콩달콩 살아온 이 집이 어때서. 그리고 소중한 이 보금자리를 일구기 위해 밤낮으로 수고하신 우리 엄마, 아빠의 애환과 노력이 보잘것없다는 건가.' 생각했다. 이것 또한 내 자격지심이고, 편협한 사고라 하는 사람들도 있겠지만, 악에 받친 마음은 '본인들 집도 그리 크지 않으면서 뭘 그렇게 유세시람.'이란 생각까지 하게 만들었다.

 그날 이후 두 분은 정말 한 번도 우리집을 찾지 않으셨다. 언젠가 그가 내게 "넌 어떻게 우리 부모님을 한 번을 초대 안하냐?"라고 한 적이 있었다. 초대하지 않은 내가 꽁한 것인지, 초대하지 못하게 만든 분들이 잘못인건지 지금까지도 마음이 어려운 문제다. 그리고 그렇게 초대하고 싶으면 본인이 말씀드리면 될 것을,

왜 굳이 마음이 어려운 나에게 직접 말씀드리라고 떠미는지도 잘 이해가 되지 않는다. 게다가 자주 찾아뵙는데 말이다.

우리는 한 달에 두 번 시댁을 찾았다. 멀지 않은 거리였기 때문에 딱히 핑계도 없었고, 자주 오라는 시부모님의 말씀을 그가 거절하지 않으니 내가 거절하기도 어려웠다. 나는 속으로는 막돼먹은 며느리라고 생각했는데 실상은 그렇지도 못했다. 시댁은 항상 일요일에 가야 했다. 예배가 끝나고 촉박하게 준비해서 움직이는 것이 싫었지만, 아버님이 토요일까지 일하시는 통에 일요일밖에 시간이 되지 않아 항상 이 패턴으로 움직여야 했다.

사실 시댁에 가면 딱히 내가 뭘 많이 하는 것은 아니었다. 우리가 먹을 것은 항상 어머님이 준비해 놓으셨기에 시댁에서 내 손으로 온전한 한끼를 차려본 적이 없다. 우리는 가만히 앉아 차려주신 따신 밥을 맛있게 먹기만 하면 됐다. 어머님은 시댁에 손님이 온 것처럼 밥을 먹고 나면 과일도 내어주셨고, 나는 커피머신에 캡슐을 넣고 커피를 내리는 아주 간단한 일 정도만 했다. 시댁에 머무는 동안 함께 둘러앉아서 TV를 보거나 어머님, 아버님과 편히 이야기를 이어가면 그만이었다. 단지 시댁이라는 이유로, 그리고 결혼 전 시댁과의 많은 일들이 문득문득 내 마음을 불편하게 만들었다.

시댁에 가면 점심을 먹고 집에서 이런저런 이야기를 나누거나 밖으로 나가 시간을 보내다가 반드시 저녁까지 먹고 나서야 집으로 돌아왔다. 집에 가야 할 때쯤이 되면 항상 시부모님은 그의 등을 쓰다듬으며 "아들, 피곤한데 이제 집에 가야지." 하셨다. 처음에는 그 말이 아무렇지 않았는데 어느 날부턴가 마음에 치임이 생겼다.

'나도 일하는데... 왜 아들만 피곤하다고 생각하시지?'

아마 이쯤이 내 마음에 부딪힘이 더 자주, 더 거세진 시기였을 것이다. 하나부터 열까지 다 마음에 들지 않아 짜증이 나고, 힘에 부치던 시기. 그 시기가 내게 찾아온 것은 우리집 공주가 태어나고 얼마 지나지 않아서였다.

베스트
드라이버

"맞아요. 저 운전 잘해요."

굳이 눈웃음까지 지어가며 왜 저 말을 했을까. 결국 또다시 발동하고 만 것이다. 누구에게나 사랑받으려는 '너만 괜찮다면, 나는 힘들어도 괜찮아.' 모드 말이다.

사건의 발단은 이러하다. 시댁 어른들은 그와 마찬가지로 모두 음주를 즐겨하셨다. 결혼 전, 내가 그의 집안 어른들에게 첫 인사를 드리러 간 날, 모두들 나를 반겨주셨고 화기애애한 분위기가 이어졌다. 맛있는 음식엔 항시 반주가 곁들여져야 하는 법이라 하시며. 그 자리에서 술을 마시지 않은 사람은 나뿐이었다. 식사를 마치고 집으로 돌아가려니 얻어 타고 온 차를 운전할 사람이 없다는 게 문제였다. 가만히 있으면 됐었다. "얘 운전 잘해요."라는 그의 말에 호응하지 않으면 그만이었다. 그렇지만 나는 이미 웃으며 고개를 연신 끄덕이고 있었다.

"맞아요. 저 운전 잘해요. 제가 운전해도 될까요?"

그렇게 내 손엔 차 키가 들려 있었지만 사실 운전할 자신은 없었다. 예비 시부모님의 차도 아니었고, 처음 뵌 집안 어르신의 차였다. 지금까지 운전해본 적 없는 차종이었고, 차체도 내가 몰던 차보다 배는 컸기에 겁이 났다. '여기서 무슨 일이 생기면 안 돼. 무조건 잘해야 해.' 하는 압박이 나를 짓눌렀지만, 자리가 자리인 만큼 웃어야 했다.

차에 시동을 걸고 백미러와 사이드미러를 나에게 맞게 조정하자, 차주인 어르신이 "차 제대로 몰 줄 아네."라며 칭찬해주셨다. 괜스레 마음이 좀 놓였다. "출발하겠습니다." 마치 운전병이 별 넷 장군님을 모신 것마냥 출발을 알리고, 조심스레 액셀을 밟았다. 규정 속도를 지키며 틈틈이 룸미러로 뒷좌석의 어르신들 표정을 살피는데, 편안해 보이셨다. 조수석에 앉은 그는 어느새 술기운에 취해 잠들어 버렸다. 예비 시댁에 도착하여 주차까지 무사히 마치자 어머님이 "어머, 너 정말 운전 잘한다. 이제 마음 놓고 술 마셔도 되겠다. 아들한텐 차 못 맡기는데 너한텐 맡기겠어." 하시는데 기분이 좋았다. 그리 좋아할 일이 아닌데.

예비 시댁에서의 밤이 깊어 자리에서 일어서자 시댁 어르신들이 그에게 내 배웅을 맡기셨다. 밖으로 나와 헤어지면서 그에게 "들어갈게. 술 너무 많이 마시지 마." 했다. 내겐 그저 작별인사였을 뿐이었는데, 그의 표정이 순간 일그러진다. 아차 싶었다.

"그냥 걱정돼서 하는 말이야."

"아니~ 어른들이 주시는 술을 어떻게 거절해? 그것도 이해 못해?"

그의 짜증에 나도 기분이 확 나빴다. 내가 하루 종일 굳이 예비 시어머니의 형제들까지 순회하며 인사드려야 하는 이유는 무엇인지, 오늘 술자리에서 겪었던 크고 작은 일들, 술 안 마신다는 이유로 결혼 전 인사하러 온 예비 며느리에게 대리운전까지 맡긴 대우가 고작 이거냐며, 내가 이런 일들까지 다 참아가면서 널 왜 만나고 있는 건지 모르겠다는 날선 말을 내뱉었다. 하루 종일 눌러놓았던 화가 치밀어 올라 너까지 나한테 이러면 안 되는 거라고, 마구 퍼부었다.

아파트 입구에서 그와 나는 미친 듯이 싸워댔다. 그의 눈에는 온갖 경멸과 증오가 서려 있었다. 아마 그가 바라보는 나의 눈빛도 그러했겠지. 난 끊임없이 그를 쏘아붙였다.

"넌 술만 마시면 오로지 너만 보여? 아무것도 안 보이고, 안 들려? 술 많이 마시지 말라는 말에는 매번 왜 그렇게 화내는 거야? 내가 예의가 없어? 너와 너희 가족은 지금 내게 예의가 있는 기라고 생각해?"

내가 결국 하지 말아야 할 말들까지 목구멍 밖으로 내뱉자 그가 참을 수 없다는 듯이 부들부들 떨더니 그대로 자기 주먹을 아파트 벽에 날렸다. 시멘트 벽에 손이 갈렸고, 상처가 났다. 상처 난 부위에 그대로 피가 맺혔지만 그것으론 분이 풀리지 않았는지 쓰고 있던 제 안경을 바닥에 던지며 내게 고래고래 소리쳤다. 분노로 가득차서 이성을 잃은 듯한 그의 모습에 무서웠다. 순식간에 내 눈에도 눈물이 맺히기 시작했고, 내가 눈물을 보이자 그는 더 분노했다. 도망쳐야 했다.

　나는 그길로 뒤도 돌아보지 않고 도로가로 뛰어나와 택시를 잡아탔다. 어디로 가냐는 택시아저씨의 말에 이대론 집에 갈 수 없어 무작정 홍대로 가달라고 했다. 택시 안에서 친구 J와 연락이 닿았는데, 마침 J도 홍대란다. 택시에서 내리자마자 영문도 모른 채 날 기다리고 있던 J를 끌어안고 목놓아 울었다. 20분쯤 울었을까. 목소리도 쉬고, 더이상 나올 눈물도 없을 것 같은 그때쯤 되자 마음도 많이 가라앉았다. 그제서야 자초지종을 묻는 J에게 오늘 있었던 일들을 얘기했다. J는 내가 말을 이어가는 동안 고개를 끄덕이거나 미간을 찌푸리는 등 '너의 이야기를 경청하고 있어.'를 소리 없이 표현해줬다. 한바탕 한탄을 하고 나자 내가 처한 상황을 객관적으로 판단할 수 있었.

　J와 대화하며 내 마음을 더 면밀히 살펴봤다. 먼저 대리운전. 내가 거절했으면 됐을 것을 거절하지 못했고, 나는 그에 상응하는 어떤 대우를 내심 바라고 있었다. '내가 이만큼 너에게, 너의 집안에 했으니, 너는 나에게 이렇게 해야 한다.'와 같은. 또한 나는 충

분히 알고 있었다. 술을 마신 그가 가장 듣기 싫어하는 말이 무엇인지, 그리고 어떠한 행동이 그를 화나게 하는지도. 그 말과 행동을 하지 않고 잠자코 있을 수 있었는데도 난 참지 못하고 그를 긁고 만 것이다. '넌 나를 좀 더 높이 평가해야 하고, 그만큼 내게 잘해야 해. 너희 가족이 내게 함부로 한 것까지 네가 대신해서 내게 갚아야 해.'라는 못된 마음이 스며들어 있었다.

사람은 왜 상처를 받을까? 상처를 주거나, 혹은 받는 원인을 생각해보면 결국 그것은 '악'이다. 본디 '악'이라 하면 사전적 정의로는 도덕률, 양심을 어기거나 남에게 피해를 주는 일이라 한다. 어렸을 적부터 엄마에게 "다른 사람에게 피해를 주는 사람이 되지 마라."라는 말을 많이 들어왔었다. 남에게 피해를 주는 일이란 무엇일까 고민해본다면, 포괄적으로 '내가 겪고 싶지 않은 무언가를 다른 사람에게 하는 행동'이라 정의내리고 싶다. 쉽게 말해, 내가 상대방에게 하는 행동이 거꾸로 나에게 행해질 경우 내 기분이 나쁘거나, 상한다면 그것이 '피해'라고 생각한다. 물론 나만의 단순한 사고방식일 수도 있겠지만, 그렇게 생각하고 행동한다면 다른 사람들과 크게 부딪히는 일, 아니 적어도 내가 문제의 원인이 되거나 싸움의 이유가 되는 일은 거의 없었다. 거꾸로 상

대방으로부터 내가 그 일을 당한다면 어떤 마음일지 아주 잠시만이라도 생각한다면 사람이 그렇게 악해지지는 않을 텐데...

'그가 나처럼 행동했어도 나는 분노하지 않을 수 있었을까?'라고 반문해봤다. 나 역시도 분노했을 것이고 어쩌면 그보다 더한 행동을 했을지도 모르겠단 결론에 이르자 그에게 미안한 감정이 들었다. J와 헤어지고 집으로 돌아가는 길, 잘 들어갔냐는 문자 한 통 없던 그에게 "오늘 일은 내가 심했어. 미안해."라고 문자를 남겼다. 그에게서 답장이 온 것은 이튿날 오후였고, 우린 그렇게 아무 일 없는 듯 다시 결혼을 준비해 나갔다.

그날 이후, 결혼 전 시댁에 방문하는 날이면 종종 그와 그의 가족들은 술을 마셨고, 나는 그때마다 자연스레 차를 대신 운전했다. 문득 '투잡으로 여성 전문 대리운전을 해볼까?' 하는 바보같은 생각도 해봤다.

시간이 흘러 결혼 후 평온한 신혼생활을 하던 어느 날, 집으로 경찰청 발신의 등기 하나가 도착했다. 수신인은 남편이었다. 손이 덜덜 떨려왔다. 간혹 분노 게이지가 차오르면 버럭하기는 해도 남 해코지는 못하는 남편에게 경찰청 발신의 우편물이라니... 게다가 이런 류의 등기가 올 만한 일이 있었다는 어떤 얘기도 그

에게서 들은바 없기에 조바심이 났다. 일단 등기 사진을 찍어 그에게 "열어볼게."라는 문자와 함께 전송했다. 기다려도 답장은 오지 않았고, 난 우편물을 뜯었다. '운전면허 취소처분 결정 통지서'라는 글귀가 제일 먼저 눈에 들어왔다. 사건 개요에는 남편이 혈중 알코올 농도 0.182%, 면허 취소 수준의 음주 상태로 2km 정도 주행을 했다는 내용이 담겨 있었다. 술, 또 그놈의 술이 문제였다. 아니 술을 마신 상태로 운전을 한 그가 더 문제겠지. 여전히 남편에게서 답장은 오지 않았다.

퇴근해서 집으로 돌아온 그에게 우편물을 내밀었다. 공주는 1층 부모님 댁에 맡겼다. 육아휴직 중이었기에 급한 일이 아니면 공주를 잘 맡기지 않는다는 것을 아는 엄마는 무슨 일이 난 건 아닌지 걱정이 이만저만 아닌 표정이었지만, 애써 무시한 채 2층으로 올라와 그와 마주했다. 그의 설명은 이러했다.

얼마 전, 회식 자리에서 술을 마시고는 집에 오기 위해 대리운전을 불러 기다리고 있는데, 이중주차 문제로 안쪽에 있던 차주가 차를 빼달라고 했단다. 그래서 그는 술을 마신 상태이니 대리기사님이 금방 오시면 빼드리겠다고 했지만, 상대방이 노발대발 화를 냈다는 것이다. 그 상황이 난처해서 잠깐 차만 빼준다는 것이 다른 차를 긁었고, 하필이면 그 차에 운전사도 타고 있었다는 것이 그의 설명이었다. 결국 그는 음주 상태에서 대인, 대물 사고를 동시에 낸 것이다. 차를 빼달라고 했던 차주도, 사고를 당한 차주도 결국 경찰을 불렀고, 그는 그대로 현행범이 되어 음주측정을 했단다.

늘 차를 가지고 출퇴근하던 그가 며칠 전부터는 몇 번이나 환승을 해 가면서 대중교통을 타는 것이 이상하여 이유를 물은 적이 있었다. 그는 천연덕스럽게 주유비와 대중교통비가 얼마나 차이 나는지 비교해보고 싶다고 대답했고, 난 그 말을 철석같이 믿었다.

이쯤 되니 마음 한편에서 스멀스멀 의심이 싹텄다. 그는 주차장에서 차를 빼주다가 멈춰 있던 차를 긁었다고 했지만, 그의 면허 취소 통지서에는 분명 2km를 주행했다고 적혀 있었다. 그가 자신의 잘못을 조금이라도 경감하기 위해 나에게 거짓말을 하는 것인지, 경찰청에서 사건을 부풀린 것인지 알 길은 없었다. 조사한 경찰관을 찾아가서 사건의 진상을 물을 수도 없기에 이해되지는 않았지만 그의 말을 믿을 수밖에 없었다. 그는 끝까지 자신은 절대 주행은 하지 않았다는 말만 되풀이했다.

850만 원의 벌금과 면허 취소, 사고 차주와의 합의금 등으로 큰 손해를 입고 그 사건은 일단락되었다. 남편의 면허 취소는 나에게 생각보다 큰 후유증을 낳았다. 우리 가족이 함께 움직일 때도 운전은 온전히 내 몫이 되었고, 종종 뛰던 시댁의 대리운전도 이제는 당연한 일이 되었다. 공주가 점점 자라면서 여기저기 먼 거리로 여행을 다닐 때에도, 가족이 다 함께 제주도를 놀러가서도 운전기사는 당연지사 내 역할이었다.

　내가 운전하는 동안 그는 대부분 조수석에서 잠을 자거나, 휴대폰 게임을 했다. 공주와 함께 차를 타고 이동할 때는 공주를 봐준다며 뒷좌석에 앉았는데, 이마저도 휴대폰 게임에 정신이 팔려 있었다. 공주를 봐주는 건지, 게임을 봐주는 건지.

―

　그는 1년 뒤 다시 면허를 취득했지만 가족들이 모이는 자리의 운전은 여전히 내가 도맡았다. 지정석처럼 이미 습관이 되어버린 차량 내 각자의 자리를 바꾸기란 쉽지 않았다. 아니, 사실은 그 세월 동안 켜켜이 쌓인 일들로 인해 잃다 잃다 이젠 그의 운전 실력까지 내게서 믿음을 잃고 만 것이 아닐까 싶다.

　그때의 그에게도 얼마나 마음에 상처가 쌓였는지는 우리 관계에 그 '상처'들이 어떠한 영향도 끼칠 수 없을 때가 돼서야 알게 되었다. 그는 내가 운전하는 차 뒷자리에 우리 부모님이나 자신의 부모님이 탈 때마다 큰 죄책감이 자기를 짓눌렀다고 했다. 그 죄책감을 피해보려 선택한 것이 조수석에서 잠을 잔다거나 휴대폰 게임을 하는 것이었는데, 이조차 우리 부모님께는 제 잘못을 인정 안 하고 반성도 안하는 안하무인처럼 비치는 것 같아 자신이 얼마나 힘들었는지, 그 마음을 알기나 하는지에 대해 나에게 반문했다.

그의 말처럼 나는 그의 마음을 알지 못했다. 아니, 살피지 못했다. '회피'는 그가 갈등상황에 놓이거나 불리해지면 습관처럼 내어놓는 방어기제였다. 그의 마음이, 그의 상처가 그제서야 어느 정도는 이해되었다. 자기 스스로도 자신의 잘못이 큰 걸 잘 알고 있는데, 주변에서 모두 날선 눈초리로 자신을 쳐다보고 있다면, 아마 자신이 날카로운 손톱을 세운 고양이 앞의 쥐 같다고 느껴질 거다. 뭐, 그렇다한들 이런 류의 대화는 우리가 서로의 상처를 돌아보기엔 늦어도 너무 늦은 타이밍에야 이루어졌다.

이기적
호시절

       결혼생활 동안 분명 좋은 날들도 있었다. 나는 그날들을 '이기적 호시절'이라 부르기로 했다. 매우 이기적인 마음이 기저에 깔려 있었기에 훗날 그 죗값을 받게 되었나 싶을 정도로 나밖에 몰랐던 나날들.

    남편은 태어나서부터 30년 이상을 같은 지역에서 살아왔고, 직장까지 같은 지역에 있다 보니 오랜 친구들, 직장동료들까지 그 지역에 모여 있었다. 하지만 나와 연애를 시작하면서 친구들 만날 시간이 부족했고, 급기야 내가 살던 지역에서 신혼살림을 시작하게 되면서 자연스레 친구들과 멀어졌다. 결혼 후, 남편의 친구들을 초대해 집들이를 하자고 했지만 일전에 자신이 저지른 불미스런 사건들이 떠올랐기 때문인지 자신의 친구들은 술을 많이 마셔서 안 된다고 한사코 말리기도 했다. 그러다 보니 그와 나 모두가 알고 지내던 동호회 사람들이나, 나의 고등학교 동창들을 주로 만나게 되었다.

나의 고등학교 동창 그룹은 나를 포함하여 6명으로 이루어져 있는데, 고등학교 1학년 때 한 반이었던 인연으로 벌써 20년 지기다. 모두 결혼하여 넷은 아이가 있고 둘은 아이가 없다. 우리는 1년에 한두 번 부부동반 모임을 가졌는데, 그중 J의 남편이 다른 남편들을 잘 어울렸기에 모임이 잘 유지되는 편이었다.

J는 그 6명의 친구 중에서도 나와 가장 친한 친구다. 내 속마음을 가장 잘 털어놓을 수 있는 친구이며, 때로는 엄마 같기도 언니 같기도 하다. 요즘 유행하는 MBTI로 따지면 나는 극 F형의 감정형 문과재질인데, J는 T형 이과재질이다. 그래서 어떤 문제가 생겼을 때 J에게 터놓고 이야기하면, 내가 보지 못하는 문제의 핵심을 객관적으로 파고들어 이성적으로 판단할 수 있게 도와준다. 아무튼 이런 J의 남편이 감사하게도 숫기 없고 말 없는 내 남편을 편안하게 잘 대해준 덕분에 남편은 모임에도 잘 적응하게 되었고, 우린 넷이 따로 모여 놀기도 했다. 그야말로 친구를 잃어가던 내 남편에게 새 친구가 생긴 셈이다.

내가 결혼 전 편안하게 영위하던 세계가 결혼 후에도 안정적으로 이어지는 것은 내게 더할 나위 없이 안락했다. 결혼하고 나면 새로운 관계형성이나 공간의 적응을 위한 부단한 애씀이 필요하다던데 내 세계는 사실 크게 변하지 않았다. 어쩌면 나는 내가 살고 있는 세계 안으로 그를 끌어들이려고 발버둥쳤는지도 모르겠다. 그가 나의 세계에 적응하는 과정에서 그의 세계를 조금은 잃어도 된다고 생각했으니 말이다.

내 친구들은 그를 최고의 남편이라고 불렀다. 그도 그럴 것이 그는 내 말에 항상 무엇이든 'yes'를 외쳐줬다. 사실 나는 결혼한 친구들에 비하여 비교적 자유로웠다. 친구들을 만나고 싶다고 말하면 언제든 외출이 가능했고, 심야 영화가 보고 싶다고 하면 영화관에 데려다만 줄지언정 가지 말라고 하지는 않았다. 그건 우리집 공주를 낳고도 마찬가지였다. 아랫집에 친정 엄마가 살고 있었기 때문에 남편에게 아이를 맡기기 어려운 상황이면 엄마에게 공주를 맡기곤 했다. 친구들을 초대하고 싶을 때도 "우리집에 친구들이 놀러 오고 싶대." 한마디면 "안 돼." 하는 법이 없었기에 친구들 모임이 우리집에서 이루어지는 일도 적지 않았다. 때로 너무 먹고 싶은 것이 있다고 말하면, 그것이 집에서 먼 거리에 있더라도 그는 거절하지 않고 사다줬다. 그는 내게 늘 예스맨이었다.

오히려 만족하지 못하는 것은 나였다. 그 이유는 단 하나. 그가 "그렇게 해."라고 이야기할 때의 표정 때문이었는데, 그가 흔쾌히 허락할 때도 있지만 마지못해 허락할 때는 표정에 싫다는 게 여실히 드러났고, 나는 그것이 꽤 마음에 들지 않았다. 마지못해 허락하는 그 마음이 느껴지는 순간 내 마음이 찜찜해지는 것, 그게 싫었다. 어느 날 그에게 말했다.

"싫으면 거절을 해. 싫지만 허락해줄 거면 표정을 숨기든지."

참 배부른 강요였다.

모두의 예상과는 달리 내가 공주를 일찍 가지게 되면서 친정집 바로 윗층에 차린 신혼집에서 벗어나는 일이 더 막막해져 버렸다. 친정 엄마와 가까이에서 사는 게 얼마나 꿀같이 달콤한 것인지 이미 맛본 나는 가급적 엄마와 떨어지고 싶지 않았다. 임신기간 동안 아프고 힘들어하는 딸을 가장 가까이에서 지켜본 엄마는 결국 철부지 딸의 살림을 떠안으셨고, 공주가 태어나고 얼마 지나지 않아 나는 이른 복직을 선택했다. 명목은 맞벌이로 빨리 돈을 모아 번듯한 집을 장만하겠다는 것이었지만 그것은 단지 육아 스트레스와 산후 우울증에서 벗어나고 싶은 아주 파렴치한 행동이었다. 살림과 육아를 엄마에게 떠맡기면서 턱없이 부족한 금액의 돈으로 성의표시를 했다. 엄마니까 이해해 달라는 말과 함께.

남편에게 우리집을 떠나고 싶지 않은 내 마음을 지속적으로 드러냈다. 이 집에서 머물 경우의 장점들과 함께 엄마가 우리를 위해 얼마나 희생하시는지에 대해 자주 이야기했다. 그가 진심으로 우리 엄마, 아빠에게 감사하기를 바라는 마음을 내포하여 은연중에 마음을 전한 것이다.

그는 나와 생각이 달랐음에도 "이 집에서 그만 살고 나가자."라는 말은 하지 않았다. 본인의 출장이 잦다 보니 공주를 돌봐줄 여력이 없다는 문제도 컸지만, 무엇보다 내 말에 긍정해주고 싶어 했다. 사실 내 마음 깊숙한 곳에서는 그가 솔직한 자신의 생각을 나와 공유하고 함께 현실적인 합의점을 찾아가기를 바랐다. 그가 용기를 내어 나와 부딪혀주길 바랐다. 진정한 부부가 되기 위해선 이러한 과정이 필수라고 하던데, 결국 난 그에게 대놓고 말하지 못했다. 아니, 말하지 않았다. 그에게서 심도있는 대화를 이끌어내는 것 자체가 에너지를 크게 소모하는 일이었고, 한편으로는 그가 내 말에 'yes' 해주는 게 편하기도 했기 때문이다. 어쩌면 그는 말로 먹고사는 직업을 가진, 말발이 전부인 나와 깊게 대화하는 것이 두려웠을지 모른다. '부부의 대화'를 피하며 살던 우리 부부의 결말은 상상 이상으로 좋지 않았다.

익숙하고 건조한 삶이 무한 반복되자 더이상 즐겁지도, 행복하지도 않았다. 삶의 권태인지, 남편과의 관계의 권태인지 도무지 알 수가 없었다. 남편과의 관계가 사랑인지, 우정인지, 의리인지 생각이 많아지고 이미 얽히고설킨 관계로 인해 무언가를 극복해야만 한다는 기분이었다. 하지만 그 극복해야 할 대상이 무엇인지도 도무지 파악할 수 없어 괴로운 나날이 이어졌다.

내 눈에 비치는 남들처럼 소소한 행복을 누리면서 평범하게 살고 싶었을 뿐인데, 이상하리만치 쉽지 않았다. '행복하지 않다'는 생각에 매몰된 나의 말에는 짜증이 늘고, 행동에는 차가움이 서렸다. 그러면서도 '이러면 안 되는데' 하는 마음이 마구 꿈틀대서 내적갈등이 심해지자, 성격은 점점 더 앙칼지고 예민해졌다.

그렇게 나의 이기적 호시절이 지나고 있었다.

검은 머리가
파뿌리가 되면

자신이 밥을 먹을 때 내가 굶고 있지는 않은지 물어봐주는 사람,

내가 아팠다가 며칠이 지나 괜찮아졌다 말해도 차도를 되물으며 걱정해주는 사람,

조금 느릴지언정 내 가족과 나의 일, 주변 사람들에 대하여 알아가고자 하는 사람,

나를 소중히 여기기에 관계가 틀어질까 곧 되돌아오는 사람,

나와 대화하고 함께하고 싶은 것이 속절없이 느껴지는 사람,

우리의 대화, 습관, 추억들을 시간이 지나도 잊지 않으려 노력하는 사람.

이러한 행동이 지속된다는 것, 그것은 서로 맺은 관계가 결코 가볍지 않음을 의미하지 않나 생각했었다.

하지만, 결혼하고 남편과 살다보니 '이런 사람도 있을 수 있나?' 싶었다. 공감능력이 없는 건지, 아니면 누군가가 아플 때 어떻게 해야 하는지를 전혀 모르는 건지 알 길이 없었다.

임신 7개월쯤이었나, 찜통더위가 연일 계속되자 여기저기 에어컨을 틀어놓은 탓에 감기에 된통 걸린 적이 있다. 임산부는 약을 함부로 먹을 수가 없으니 오롯이 감기를 앓아내야 했던 난 뜨끈한 국밥을 먹고 푹 자거나, 도라지 배청을 따뜻한 물에 타서 마시는 식으로 버텼다. 코는 막히고, 목은 따갑고, 미열까지 있는 딸을 위해 엄마는 뜨끈한 육개장을 끓여주셨다. 입맛이 없었지만 태아를 위해, 그리고 그 더운 날 에어컨도 못 켜고 주방에서 땀을 뻘뻘 흘려가며 애쓴 엄마를 생각해 육개장에 밥을 후루룩 말아 먹었다.

날이 저물고, 일찍 잠드는 게 낫겠다 싶어 저녁 9시쯤 "이제 그만 자야겠어."라고 그에게 말을 건넸다. "이렇게 일찍? 할머니도 아니고 되게 일찍 자네." 읊조리는 듯한 그의 말을 애써 무시하며 안방으로 들어갔다. 탁! 스위치 소리와 함께 거실이 어두워지고 이내 TV가 켜졌다. 우리집은 안방 문을 닫으면 공기가 전혀 순환되지 않는 구조라 안방 문을 아예 떼어놓았기 때문에 거실의 소리가 안방에 고스란히 들려온다. 잠귀가 밝은 편인지라 TV소리가 거슬렸지만, TV 끄고 자라고 부탁할 힘조차 없었기에 이리저리 뒤척이며 선잠에 들었다.

얼마 지나지 않은 것 같은데 갑자기 한기가 느껴졌다. 뭐지 싶어서 눈을 뜨고 거실로 나갔더니 TV를 보며 깔깔대고 있는 그와 켜져 있는 에어컨이 보였다. 희망온도 18도.

"에어컨 켰어?"

"어. 너무 더워서 틀었는데?"

무슨 문제 있냐는 식의 표정으로 나를 바라보는 그를 보자 마냥 서러웠다. 하지만 울 힘도, 서럽다고 말할 힘도 없어서 "내가 감기에 걸려서 좀 추워. 선풍기 쐬면 안 될까?" 하곤 다시 안방으로 들어갔다. 얼마 지나지 않아 TV 끄는 소리가 들리더니 방으로 들어온 그는 평소처럼 베개에 머리가 닿자마자 잠들었다. 천둥이 치는 것 같은 코 고는 소리와 함께. 나는 조용히 거실로 나와 소파에서 잠들었다.

―

　결혼하자마자 임신과 출산까지 이어지자 몸이 많이 쇠약해지고, 임신 당시 불어난 몸무게가 이전으로 돌아가지 않아서 몸 이곳저곳에 이상이 생기곤 했다. 결혼 전에는 잔병치레도 거의 없었는데, 환절기만 되면 감기를 심하게 앓는 등 나는 튼실해진 겉모습과는 달리 병약해져 갔다.

　결혼 4년차쯤의 어느 일요일, 아침에 눈을 떴는데 왼쪽 눈이 부어 있었다. 다래끼는 아닌 것 같은데 꽤 부어 있었지만, 그날은 교회에 갔다가 바로 시댁에 가야 했기에 나의 부은 눈 따위는 신경쓸 겨를이 없었다. 예배가 끝나자마자 시댁으로 향했고, 여느 때와 마찬가지로 내가 운전하여 어머님, 아버님을 모시고 공주, 남편과 함께 이곳저곳을 돌아다녀야 했다. 시부모님과 아이를 태운 차를 운전하면 신경을 곤두세우게 되는 터라 피로감이 몰려왔지만 밤까지 일정은 계속되었고, 저녁 9시가 넘어서야 집으로 돌아왔다. 공주를 먼저 씻기고 재우고 나니 11시, 난 외출하느라 미뤄둔 집안일과 샤워를 하고 새벽 1시에나 잠자리에 들 수 있었다.

다음 날 아침에 일어나보니, 부어 있었던 왼쪽 눈이 아예 떠지지도 않는 상태였지만 출근은 해야 했기에 부랴부랴 집을 나섰다. 어찌어찌 출근은 했지만, 회사에 도착하자 왼쪽 얼굴이 형언할 수 없을 정도로 아파왔고 심한 두통까지 찾아왔다. 결국 출근한 지 2시간 만에 조퇴하고, 집 근처 신경외과로 향했다. 진료 결과 병명은 대상포진. 의사는 왜 이제야 왔냐며 질책했다. 안면에 오는 대상포진, 특히 눈가에 오는 대상포진 바이러스는 시신경을 건드릴 수 있다며 MRI와 여러 가지 검사를 권했고, 난 회사에 급히 전화로 사정을 알려 병가를 낸 후 입원하게 됐다.

MRI 검사 결과를 들으러 진료실로 들어섰는데, 진료실의 공기가 왠지 무거웠다. 나이가 지긋한 신경외과 원장선생님은 결혼 전에도 몇 번 뵌 적이 있어서 익숙한 분임에도 그날의 그 공기는 꽤나 낯설었다. 원장선생님은 평소와는 다르게 심각한 얼굴을 하고 계셨다. 전에 왔을 때 나에게 "아이를 세 명 낳으면 평생 병원비를 무료로 해주겠다."는 농담도 하실 정도로 유쾌하신 분인데 그런 표정을 처음 보았기 때문에 나 또한 긴장한 채 진료 의자에 앉았다.

"병원에 오랜만인데 어째 대상포진을 얼굴에 달고 왔어?" 목소리는 여전히 따뜻하셨다.

"그러게요." 아직 무슨 말을 들은 것도 아닌데, 눈물이 터지기 직전처럼 목소리가 갈라지며 나왔다.

"젊은 나이에 뇌 사진이 이렇게 안 좋은 건 처음 봤어. 고생 많이 하고 살아?"

"고생이요? 하하... 고생은... 안하는데..." 고생은 어떤 고생을 말하는 걸까. 마음은 썩어 갈지언정 몸 고생은 딱히 하는 것 같지 않아서 고생은 안 한다고 대답했다.

"큰 병원 가서 뇌 검사를 받아보는 것이 좋을 것 같아."라며 보여주신 나의 MRI 사진 속 뇌혈관들은 곳곳이 뿌옇게 보였다.

"뇌출혈은 아니고 뇌경색인 것 같은데... 뇌경색의 원인은 여러 가지인데, 급격히 증가한 체중으로 인해 혈관 상태가 좋지 못하기 때문일 수도 있고, 스트레스 때문일 수도 있어."라며, 곧바로 큰 병원에 이관할 예약을 잡아주셨다.

우리 몸에서 매우 중요한 뇌의 상태가 좋지 않다고 하니 한

없이 무서웠다. 먼저 남편에게 입원했다는 말과 함께 MRI 검사를 했고, 그 결과 뇌 상태가 어떻다는 내용의 문자를 보냈다. 중국으로 출장을 떠난 남편으로부터 한참 만에 답장이 왔다.

"쓰러졌어?"
"아니."
"금방 뭐 어떻게 된대?"
"아니, 그런 말은 없었어."
"아 그럼 금방 돌아가야 하는 건 아니네. 나 이제 막 중국에 도착했고 여기 바빠서 금방 한국에 돌아가기 어렵거든. 코로나 때문에 한국 가도 격리해야 해서 시간 좀 걸리고."

그의 말 중에 틀린 말은 하나 없었다. 그는 중국 출장 중이었고, 코로나 때문에 출장이 계속 미뤄진 터라 잠시 규제가 완화됐을 때 그동안 못했던 일들까지 처리해야 해서 바쁘다는 것도 알고 있었다. 그랬기 때문에 그가 당장 와주었으면 하는 마음으로 보낸 문자는 아니었다. 하지만 아내가 대상포진으로 입원했고, 뇌혈관의 상태가 안 좋아서 큰 병원에 가야 한다는 말에 저런 반응을 보이자 어떠한 말도 더는 하고 싶지 않았다.
"그래. 일 잘 마치고 돌아와."라는 짧은 답장을 보내고 휴대폰을 멀리 치워버렸다.

동네 병원에서 퇴원한 동시에 진료를 보러 간 1차 대형병원은 늘 그렇듯 의사선생님을 만나는 일도, 검사일정을 잡는 일도 쉽지 않았다. 동네 병원에서 찍은 MRI로는 정확한 병명 판독이 어렵다는 이유로 한 달 뒤에 새로 MRI를 찍기로 하고, 의사선생님을 만나는 일정까지 잡고는 집으로 돌아왔다.

　　그렇게 기다리는 한 달 사이에 갑작스레 팔, 다리에 힘이 빠지거나 머릿속으로는 정상적으로 말을 하고 있는데 입 밖으로는 마치 술에 취한 사람처럼 어눌한 말이 튀어나오는 증상이 발생했다. 가만히 앉아 있다가 갑자기 어지러움을 느끼고 쓰러지기도 했다. 그렇게 한 달이라는 시간이 흘러 진료일이 되었고, 그 한 달 동안 평생 한 번도 겪어보지 못한 일들을 너무 많이 겪은 터라 잔뜩 긴장한 채로 병원을 찾았다. 이번에도 역시나 엄마가 동행했다. 표면상의 이유는 남편은 업무가 바빠 출근해야 했기 때문이지만, 내가 쓰러졌다 말했을 때도, 말이 어눌할 때도, 팔, 다리에 힘이 빠져 걱정할 때도 남편은 대수롭지 않게 여겼기에 병원에 함께 오고 싶지 않았다.

　　진료실로 들어서자 젊은 여자 교수님이 앉아 계셨다. 대형병원에서 교수님들에게 진료를 받을 수 있는 시간이 그리 길지 않기에, 내가 말할 내용을 적은 메모지를 쥔 채로 자리에 앉자마자 쓰러졌던 일, 말이 어눌해진 일 등을 말씀 드렸다. 이야기를 듣고는 교수님이 자리를 고쳐 앉으셨다. 보통은 자신의 모니터에 뜨는 환자의 차트나 진료 이력만 보는데, 자세를 고쳐 앉는다는 건 둘 중 하나다. 환자가 심각한 상태이거나, 치료가 더이상 필요 없거나. 나의 경우는 안타깝게도 전자였다. 차트를 살펴본 교수님이 설명하셨다.

"환자의 뇌혈관 모양이 일반 사람들과 다른데, 정확히 어떻게 다른지는 여러 검사를 통해서 알 수 있기 때문에 입원이 필요합니다. 그렇지만 현재 확실한 건 혈액의 흐름이 좋지 않다는 것이고, 젊으니까 그래도 이만큼 살아있는 겁니다. 그런데 근래에 무슨 이유에서인지 뇌경색이 너무 많이 왔다간 것으로 보입니다. 그 이유에 대해서도 검사가 필요한 상황이지만, 젊은 사람이기에 어르신들처럼 마비 혹은 사망으로 이어지지 않고 평상시처럼 지내는 것이 가능했던 것으로 생각됩니다. 하지만 진료일 전에도 언어장애, 낙상사고가 있었고 응급한 상황으로 보이기에 치료를 위해 응급입원을 해서 현재 보이는 뇌경색의 원인을 빠르게 찾아야 해요."

나는 진료를 보러 갔다가 그 길로 응급실로 입원하게 되었다. 코로나가 한창인 시기여서 입원 보호자는 응급실에 있을 수 없었고, 게다가 엄마는 공주도 돌봐야 했다.

응급실에서 간단한 소변검사와 피검사부터 뇌척수액 검사, MRI, 뇌혈관 조영술, DNA 유전자 검사까지 잠도 자지 못하고 꼬박 17시간을 검사만 받았다. 드디어 검사가 다 끝났나 싶었는데 뇌졸중 집중치료 병동으로 가야 한다며 이송된 곳은 6인이 함께 쓰는 병실이었고, 나 외에는 모두 60~70대 어르신 환자들이었다. 내가 알고 있던 뇌졸중은 그런 병이었다. 젊은 사람보다는 어르신들에게 흔한 질병. 갑자기 사망에 이르는 무서운 질병. 집중치료실은 병실 침대에서 내려오는 것조차 모두 간호사의 허락을 받아야 하는 곳이었다.

응급실에서 나의 담당교수님이 변경되었는데, 변경된 담당교수님이 말씀해주신 내 진단명은 일단 상세불명 일과성 뇌허혈발작으로, 쉽게 말해 뇌경색의 전조증상이라고 했다. 뇌척수액 검사에서 대상포진 바이러스가 발견되었는데, 그 말인즉슨 대상포진 바이러스가 뇌혈관 일부를 막았기에 뇌경색 증세가 근래에 더 보인 것 같다는 것이다. 이전 교수님이 말씀하신 것처럼 내 뇌혈관은 일반 사람들과는 다르게 산발적으로 퍼져 있는 모습이어서 대상포진 바이러스가 혈관을 막은 것이 더 치명적이었고, 혈류가 원활하지 않기에 평생 관리와 약물 복용이 필요해 보인다고 하셨다. 아직은 대상포진 바이러스가 뇌척수액에서 검출되고 있으니 집중치료실에서 좀 더 지켜보자는 말과 함께.

나의 몸 상대 외에도 문제는 또 있었다. 집중치료실은 병실 밖으로 환자가 나갈 수가 없어서 반드시 보호자가 상주해야 한다는 것이었는데, 나는 엄마가 계셨으면 했지만 엄마는 공주와 집

살림을 모두 챙겨야 하기에 결국 남편이 휴가를 쓰고 보호자 역할을 해야 했다. 내가 응급실에서 집중치료실로 옮겨진다는 연락이 엄마한테 간 뒤 가족들이 모여 이 비상사태를 어떻게 해결할지 논의했고, 그 결과 남편이 휴가를 쓰고 보호자 역할을 하는 것으로 결정되었을 때, 남편의 첫마디는 "그 정도로 아프대요?"였다고 한다.

짐을 가지고 병실로 올라오는 남편의 표정이 좋지 않아 눈치가 보였다. 진료를 보러 왔다가 갑자기 입원하는 통에 내 짐이 많아서였을까. 아니면 보호자 노릇을 해야 하는 게 싫어서였을까. 내가 누운 침대 아래서 남편은 보호자 간이침대를 빼서 눕더니 휴대폰 게임을 시작했다. "괜찮아?"라는 말 따위는 없었다. 사실 그때도 사이가 그리 좋던 시기는 아니어서 그러려니 했지만 아프니까 더 서럽긴 하더라.

아파서 입맛이 도통 없는 데다가 신경이 예민해져 병원 밥이 더욱 거칠고 입에 맞지 않게 느껴졌다. 그런 내 마음을 알았는지 엄마는 이것저것 반찬을 해서 보내줬다. 컨디션이 좋지 않은 탓에 내가 먹는 둥 마는 둥 몇 숟갈 뜨고 내려놓으면 남편은 제 몫으로 데운 햇반과 함께 내가 남긴 밥까지 싹싹 맛있게도 다 비웠다. 병원에선 딱히 할 것이 없기에 그는 보통 잠을 자거나, 휴대폰으로 영상을 보거나, 게임을 했다. 우리 사이에 대화는 없었다. 난 목이 마르면 조용히 텀블러를 내밀었고, 그도 아무 말 없이 물을 떠다

주곤 했다.

 어느 날, 그가 떠다 준 물을 마시려는데 텀블러에서 물비린내가 나 "컵 안에서 냄새나는데 좀 씻어서 떠다 줘." 했더니 그는 미간을 살짝 찌푸리곤 컵을 들고 일어섰다. 그런데 간이주방이 아니라 병실 안에 있는 세면대로 가더니 컵을 씻는 게 아닌가. 금방 돌아온 그에게 "간이주방은 저기 돌아서 나가야 있어. 세제도 거기 가야 있을 텐데?"라고 얘기했더니, "세면대에도 세정제 있잖아."라고 대답했다. 세면대 위에 있는 세정제라고는 병원에서 쓰는 손 세정제뿐인데... "손 세정제로 닦았어?"라고 재차 묻자 "손 세정제도 다 떨어졌더라."라는 짧은 답변이 돌아왔다. 손 세정제도 다 떨어졌다면 그럼 도대체 내 텀블러는 무엇으로 닦았을까 싶어 텀블러 냄새를 맡아봤다. 익숙한 냄새가 코를 찔렀다. 간호사 선생님이 매 시간마다 내 혈압을 재러 오실 때, 내 수액을 바꿔주러 오실 때마다 바르던 손 소독제 냄새. 분노와 할 말들이 가슴에 차올랐지만 입 밖으로 내면 싸움이 될 것이기에 말을 삼켰다. '그래. 여기가 내가 대접받는 위치구나' 싶었다.

―

 참 억울하지만 우습게도 남편은 자기 자신은 잘 챙기는 사람이다. 약품 관련 일을 하기 때문에 약에 대해서도 잘 알고 있어서 증상별로 먹어야 하는 약의 종류를 꿰고 있었다. 그는 봄, 가을,

겨울이 되면 곧잘 감기에 걸리곤 했는데 감기의 초기 증상이 보일 때마다 꼬박꼬박 약을 잘 챙겨먹었다. 내가 부탁한 것들은 잘도 까먹곤 했는데, 본인 약을 챙기는 건 까먹는 법이 없었다.

그는 나나 공주가 감기에 걸리면 은근슬쩍 다른 방에 가서 잤다. 하지만 반대의 경우는 없었다. 본인이 감기에 걸리면 내가 다른 방에 가서 자면 안 되겠냐는 말을 하지 않는 이상 안방을 고집했다.

고마운 기억보다 서럽고 못난 기억이 오래 간다 했던가. 어느 시점이 지난 후로는 우리의 관계가 사실상 남보다도 못했기에, 결혼할 때 검은머리가 파뿌리가 될 때까지 서로 사랑하고 보살피기로 약속했던 우리는 더이상 존재하지 않았다.

숨막히는
명절

　　누가 법으로 정해놓은 것도 아닌데 왜 우리나라는 여자가 결혼할 때 '시집간다'라는 표현을 쓰고, 명절엔 시댁부터 가는 걸까? 그 문화에서 벗어나지 못한 우리 가족도 명절이 되면 바로 시댁에 갔다. 내겐 결혼 3년차까지의 명절이 가장 견디기 어려웠다.

　명절에 시댁에 가면 항상 남편의 외가까지도 가야 했다. 그곳에는 남편의 외갓집 식구들이 모여 살고 있었는데, 외할머니, 외삼촌 세 분, 막내 외숙모님, 이모님, 외사촌동생 세 명, 총 9식구가 한집에 살고 있었다. 영앤리치 첫째 외사촌 도련님의 일을 돕는 외삼촌 두 분이 함께 살고 계시고, 이모님은 할머니를 모셔야 하기 때문이라고 했다. 사연이 어떻든 나와는 크게 상관없는 일이라 생각했고, 결혼으로 인해 친인관계로 맺어진 것이니 내 할 도리만 다하면 된다고 생각했다. 적어도 처음에는 말이다.

남편의 외가 식구들과 함께 첫 명절을 맞이한 것은 영흥도에서였다. 시부모님이 설에 다 같이 여행을 가자고 하셔서 결혼하자마자 맞는 첫 설에 영흥도로 향했다. 그때는 내가 임신한 직후라 모든 것이 조심스럽던 시기이기도 하다.

영흥도 펜션에 도착하니 어른들이 먼저 와 계셨다. 내 나름대로는 결혼하고 첫 명절을 맞는 새댁이니 결혼할 때 맞춘 한복을 입고 갔다. 도착하자마자 어머님은 "얘 봐, 거추장스럽게. 호들갑 떤다." 하셨다. 조금 무안하긴 했지만 '어머님 말투가 원래 그랬었잖아.' 하며 스스로 마음을 가라앉히고는 얼굴엔 미소를 띠었다. 할머님과 삼촌들, 이모님께 인사를 하자 이모님께서 "저기 건너 방에 애들 있으니까 가서 인사해."라고 하셨다. 내 표정에 물음표가 가득했는지 어머님께서 건너 방에 도련님들과 아가씨가 있으니 가서 인사를 하라고 다시 한 번 설명하신다. 이해가 되지 않았다. 어른들께는 당연히 내가 먼저 인사하는 게 맞지만 나는 그렇다 치고, 남편이 형이고 오빠인데 왜 우리가 방마다 찾아가서 인사해야 하는 걸까? 우리가 도착했다는 걸 알았을 텐데, 그들이 먼저 나와서 인사해야 하는 게 아닐까 싶었다. 하지만 아무 말 없이

숨막히는 명절

건너 방으로 향하는 남편이었기에 나도 하는 수 없이 따라가 인사를 건넸다. 특히 어머님은 영앤리치 도련님에게 내 소개를 하며 사인을 받지 않겠냐 물으셨다. 내가 관심 없는 눈치를 보이자 "너 그러다 나중에 후회한다."라는 말을 덧붙이셨다.

저녁밥을 차리고 설거지를 하면서 아랫배가 조금 아릿했지만 내색하진 않았다. 즐거운 분위기에 내가 힘든 내색을 하는 것이 언짢은 상황을 만들까 겁이 났다. 남편의 가족들은 술을 즐겨 마시는 분들이었기에 자연스럽게 술판이 벌어졌다. 시간이 지나면 지날수록 빈 술병이 늘어갔고, 분위기가 달아오르자 조금씩 언성이 높아지는 것 같아서 남편에게 배가 당겨서 먼저 쉬어야겠다고 조용히 전하고는 방으로 들어갔다.

바깥이 시끄러운 탓에 가까스로 잠든 지 얼마 지나지 않았는데 고성이 오가는 것 같았다. 무슨 일인가 싶어 일어나려는 찰나, 남편이 씩씩거리면서 방으로 들어왔다. 살펴보니 이미 술에 취할 대로 취한 상태였다. 무슨 일인지 물었다.

1층에서 술을 마시던 중에 수도가 동파됐는지 물이 새서 고쳐보려고 남편이 나서자 큰외삼촌이 남편을 무시하듯 말했단다. 그 말에 기분이 나빠서 남편이 대꾸를 했는데 외삼촌까지 화가 나셔서 싸움이 난 것이다. 둘이 싸우니 어른들은 말리고, 이모님과 어머님은 싱크대에 물이 나오지 않는다고 난리가 난 상황. 아무래도 그 펜션 안에서 술을 마시지 않은 나만 멀쩡한 것 같았다.

"시간이 늦었으니까 지금은 다들 주무시게 하고, 수도는 펜션 사장님께 문자를 남겨놓는 것이 좋겠는데? 자기도 술 그만 마시고 와서 자. 더 마시면 기분만 더 상하겠어."

"너도 내가 수도를 못 고칠 것 같다는 거야? 너도 나 무시해?"

갑자기 남편이 급발진하며 내게 화를 냈다. 깜빡 잊고 있었다. 술을 마시면 사람이 달라진다는 사실을. 그냥 뭘 하든 뒀어야 했는데, 참견하고 말았다.

"그게 아니라. 자기가 고칠 수 있는 거 충분히 아는데 시간이 너무 늦었으니 쉬라는 거지. 그리고 고치는 건 펜션 사장님이 하셔야지."

잘 구슬리려고 했지만 실패. 그는 왜 할 수 있다는데 다들 자신을 무시하냐며 소리치기 시작했다. 내가 알고 있던 버전보다 더 화가 난 모습에 만취했음을 확신했다. 1층에 계신 어른들이 그의 목소리를 들을 것 같아서 그에게 "조용히 좀 해!"라고 하면서 팔을 붙들었다. 그가 잡지 말라면서 팔을 뿌리치자 내 몸이 밀려 침대에 털썩 주저앉았다. 나도 극도로 화가 났다. '지금 내가 여기서 뭘 하고 있는 거지? 술에 취해 임신한 와이프를 밀어?' 결국 그에게 "너희 가족들은 술만 마시면 다 제정신이 아니야!"라고 내질러 버렸다.

그렇게까지 과하게 말할 의도는 아니었는데, 일을 키우고 말았다. 방 안에서 싸우기 시작하자, 소리가 1층에도 들렸는지 어머님이 올라오셨고, 그는 등짝을 맞고 1층으로 쫓겨났다. 어머님은 다른 가족들 다 있는데 남편에게 소리를 질렀다고 나를 혼내시곤 문을 쾅 닫고 나가셨다. 내가 미웠다. '나만 좀 더 참았으면 됐는데' 하는 후회에 침대에 쭈그리고 누워 아픈 배를 감싸 쥔 채 울다가 이내 잠들었다.

다음 날이 되자, 다들 무슨 일이 있었냐는 듯이 놀라울 정도로 모든 것이 평화로웠다. 나만 울어서 퉁퉁 부은 눈으로 힘겹게 아침밥을 먹었고, 안면근육이 말을 듣지 않아 웃을 수 없었다. 결국 배가 아프다는 핑계를 대고 나서야 그 펜션에서 탈출할 수 있었다.

———

그로부터 2년 뒤의 설에도 남편의 외가와 함께 여행을 갔다. 이전의 안 좋은 기억 때문에 내키지 않았지만, 그 사이 남편도 음주운전 사건으로 많이 반성했을 것이고, 나도 좀 더 단단해졌겠지 하는 마음으로 따라나섰다. 명절연휴에 짧지 않은 거리의 운전은 고됐지만, 공주에게 겨울 바다를 보여준다는 행복회로를 돌리고 또 돌렸다.

숙소에 도착해서 이전처럼 도련님들과 아가씨에게 먼저 인사했고, 그분들은 역시나 날 데면데면하셨다. 그때와 달라진 게 있다면 내가 일부러 사람들에게 먼저 가서 말을 걸었다는 점. 가족의 일원이 되기 위한 내 나름의 각오이자 노력이었다. 공주도 어른들의 귀여움을 독차지하고 있었고 모든 것이 괜찮았다.

저녁이 되니 어김없이 저녁상에는 술이 올라왔다. 나는 공주의 이유식을 먹이고 내 밥은 먹는 둥 마는 둥 하고는 공주를 씻겼다. 어린 공주의 눈에 어른들의 술 마시는 모습이 익숙해지지 않았으면 했다. 나의 친척은 술 마시는 사람이 없다. 내 아빠의 가족들과는 거의 왕래가 없으니 그렇다 치고, 나의 외갓집은 외할아버지께서 독실한 기독교인이시라 신앙생활에 매우 엄격하셨다. 그랬기에 '술을 마신다'는 것은 용납될 수 없는 일이었고, 가족이 모여서 술을 마시는 모습은 상상해본 적도 없었다.

공주를 재울 준비를 마치고, 어른들에게 인사드렸다. "할아버지, 할머니 안녕히 주무세요 해야지." 공주가 꾸벅 고개를 숙이자 귀엽다며 어서 들어가서 쉬라고 하셨다. 공주를 안아들고는 방으로 들어와 토닥토닥 등을 두드리자 낮에 열심히 논 덕분이지 금세 잠이 들었다. '옆에서 같이 잘까' 하다가 밖에서 술을 마시는 남편 걱정에 공주의 잠자리를 한번 더 확인한 후, 슬그머니 나와 남편 옆에 앉았다.

큰외삼촌이 내게 컵을 내밀며 "한잔해." 하셨다. 내가 난감해하자 남편이 "얘는 술 안 마셔요." 하며 컵을 치워줬다. 그 행동이

다소 불쾌하셨는지 낯빛이 어두워진 큰외삼촌은 이내 말을 이어가신다.

"근데 집에서 남편을 좀 잡고 사나? 조카 좀 만나려는데 맨날 튕겨. 조카가 말이야. 원래 자기네 아버지랑 술도 한잔하고 친하게 지냈단 말이야? 근데 결혼하더니 아버지랑 술 한잔할 시간도 없어. 아버지 적적한데 집에도 안 와봐. 아버지는 친구 같은 아들 잃어. 엄마는 며느리한테 아들 뺏겨. 조카며느리! 우리 조카 잡지 마. 여자가 남자 잡고 사는 거 아니야. '서방님~ 오늘은 집에 가셔서 아버지랑 술 한잔하고 오세요.' 하면서 돈도 좀 주고 그래야 제맛이지. 안 그래요? 매형?"

내가 지금 무슨 말을 듣고 있는 건지 곱씹어 생각하면서 주위를 둘러보는데 아무도 그분을 말릴 생각이 없어 보였다. 남편을 쳐다보니 기분 나빠 보이긴 했지만 재작년 큰외삼촌과의 사건 때문인지 무언가를 말하기 꺼려하는 눈치였다. 아버님은 아무 말 없이 연거푸 술을 따라 드셨다. 그냥 공주랑 같이 잘걸, 괜히 자리를 지키겠다고 나와서는. 분위기를 풀어보고 싶었다.

"삼촌, 저 남편 안 잡아요. 어머님 댁 간다고 하면 보내주죠. 말을 안 해서 몰랐어요. 자기, 어머님 댁 가고 싶으면 말하지 그랬어. 아버님! 아들 보고 싶으시면 말씀 주세요. 제가 그리로 퇴근시킬게요."

내 입으로 말하긴 했지만, 한참을 생각해도 이상한 말이다.

남편도 나이가 지긋한 어른이다. 필요에 의해 외출하거나, 볼일이 있으면 말을 하면 된다. '왜 내가 잡는다고 생각하는 걸까?' 하는 생각 끝에 남편이 나 때문에 시댁에, 그 술자리에 갈 수 없다고 불평한 것 같다는 생각이 스쳤다. 남편을 다시 보았지만 여전히 알 수 없는 표정과 기분이 나쁜 듯이 탁탁 내려놓는 술잔이 그의 심경을 대변하는 듯했다.

그때 갑자기 술을 연거푸 드시던 아버님께서 벌떡 일어나시더니 자리를 박차고 밖으로 나가시려 했다. 걸음걸이가 불안정한 것으로 보아 아버님도 술기운이 꽤 올라오셨나 보다. 남편이 아버님을 붙잡으며 어디 가시냐 물었지만 아버님은 팔을 뿌리치시며 밖으로 나가셨다. 술기운에 본인 신발도 제대로 찾지 못하시고 아무거나 신고 나가신 아버님을 남편이 뒤따라 나갔다. '금방 들어오겠지' 하며 현관문 앞에 앉아 있는데 큰외삼촌이 조카며느리가 아들이랑 아버지 싸움 나게 했다며 내 탓을 하는 소리가 들려왔다. 어머님이 그제서야 "그만 좀 해." 하셨다.

남편이 아버님을 따라 나간 지 5분이 지나도 돌아오지 않자 나도, 어머님도 현관문을 열고 찾아 나섰다. 숙소가 2층에 있었는데 바깥 계단 아래에서 아버님과 남편의 목소리가 들려왔다. 남편은 아버님께 들어가자고, 아버님은 안 들어간다고 버티시고 있는 중이었다. 계단을 내려가자 목소리가 또렷이 들렸다. 남편이 "아, 그만 좀 하세요!" 하자 아버님이 화가 나셨는지 아버님의 팔을 잡고 있던 남편의 손을 세게 뿌리치다가 남편 얼굴을 쳤고, 그대로 남편의 안경이 날아갔다. 시력이 좋지 않은 남편은 안경이 날아가자 주변을 두리번거렸고, 어머님은 어둠 속으로 사라지는 아버님을 쫓아가셨다.

    나는 어두운 밤 휴대폰 플래시에 의존하여 남편 안경을 찾아다녔고, 어찌나 세게 맞았는지 안경은 꽤 멀리서 발견됐다. 안경을 건네면서 "아버님은 어머님이 찾으실 거야. 일단 들어가자." 하며 남편의 손을 잡아당겼다. 거의 1년 만에 잡은 손이었다. 어영부영 손을 잡자, 그도 내 손에 이끌려 숙소로 올라왔고 조용히 공주가 자는 방으로 들어가 잠에 들었다. 나는 잠이 오지 않아 뜬눈으로 밤을 보냈고, 아침이 되자 재작년 그때와 마찬가지로 어른들은 별일 없었다는 듯 평온했다. 하지만 남편은 재작년보다 술을 덜 마신 탓에 어젯밤 기억이 또렷한지 아침부터 기분이 좋지 않았고, 나는 그 덕분에 일찍 그곳에서 벗어날 수 있었다.

    집으로 돌아오는 길, 꼬박 밤을 샌 탓에 피곤했지만 교체할 운전사도 없었기에 몰려오는 졸음을 이겨내고 있는데 남편이 갑자기 "할머니가 빨리 죽어버렸으면 좋겠어."라고 하는 것이 아닌가.

내 남편의 입에서 나온 말이 맞나 싶었다. "왜 말을 그렇게 해."라고 내가 책망했지만 그는 어제 일로 궁지에 몰린 탓인지 뱉어선 안 되는 말들을 쏟아냈다.

"할머니가 돌아가시면 엄마가 명절마다 할머니 뵈러 가지도 않을 테고, 그럼 삼촌들 안 봐도 되고... 너도 기분 더럽게 어제 같은 말 안 들어도 되잖아. 기분 더러웠을 텐데 꾹꾹 참는 것도 보기 싫어. 아 그냥 다 싫어. 다 짜증나. 그러니까 안 오는 방법은 하나뿐이잖아. 할머니 빨리 죽는 거!"

한동안 차 안에는 침묵만 흘렀다. 공주는 다행히도 잠들어 있었고, 나는 심란했다. 남편이 분노를 풀어가는 방식이 가히 폭력적이 되어가고 있었기에. 해도 되는 말이 있고, 해서는 안 되는 말이 있다. 남편은 그저 내게 "그런 말 듣게 해서 미안해. 다음 명절부터는 우리 엄마, 아빠랑 우리 식구 다섯이서만 보내자고 얘기해볼게."라는 말 정도만 했어도 됐다. 하지만 자신을 방어하기 위해 마구 뱉어낸 말들이 화살이 되어 자기 자신뿐 아니라 그 주변 사람에게도 상처를 입히고 만 것이다. 그것도 아주 잔인하고 폭력적인 방법으로.

이후에도 몇 번의 명절을 남편의 외갓집에서 보내야만 했다. 그때마다 기억에 선명히 남을 만한 사건들이 기어이 일어나고야 말았다. 매해 명절이 다가올 때마다 남편은 "올해는 외갓집에 안 가도록 어머니께 말해볼게." 하고 약속했지만, 어느덧 정신을 차려 보면 차를 운전하며 외갓집으로 향하고 있는 나를 발견하면서 저절로 마음이 비워져버렸다. 그리고 너무나도 늦게 깨달았다. 외갓집에 안 가고 싶다던 그의 말은 진심이 아니었단 것을. 그는 나 몰래 그 명절을 몹시 기다리고 있었단 사실 또한.

예고도 없이
찾아온

내 몸엔 흉터가 제법 많은 편이다. 처음에 생긴 상처 때문이기보다는 그 상처가 아물면서 새살이 돋을 때 오는 간지럼을 참지 못해서 긁다 보니 얼룩덜룩한 흉터를 남기곤 했다. 그 순간의 간지럼이나 답답함을 조금만 참으면 그만인데 나도 모르게, 아니 알면서도 손을 대서 상처를 더 깊게 만들었다. 남편과의 관계도 그랬다. 순간을 참으면 그만인데 내 안의 간지럼이나 답답함을 해결하고자 쓸데없고, 날카로운 말들을 내뱉곤 했다. 적절한 때를 기다리지 못하면 상처만 더 깊어진다는 것을 알면서도 말이다.

연애하는 동안에도 남편과 내가 꽤 결이 다른 사람이라는 건 알고 있었지만, 같이 살아 보니 이렇게 타협점이 없게 다를 수 있나 싶었다. 신혼생활 한 달이 채 안 된 시점에서 아이가 생겼고,

첫 결혼기념일이 되기도 전에 아이를 출산했다. 육아를 시작하자 남편과 서로 양보하고 맞춰가야 하는 부분들은 훨씬 더 많아졌지만, 제대로 된 대화를 하는 것조차 힘들었다. 늘 어렵사리 사소한 대화를 시작하면 싸움으로 번지곤 했으니까. 그렇게 그와 마주 앉는 것조차 힘에 부치기 시작했다.

   싸움의 이유? 내가 무언가를 부탁하면 그는 까먹었다며 하지 않았다. 매우 자주. 이 외에도 시댁 문제, 그의 술 문제, 그의 담배 문제가 싸움의 주된 시발점이었다. 예를 들어 담배를 피우다가 들키면, 그는 자신의 잘못을 인정하지 않거나 심지어 흡연행위 자체를 부정하려 했고, 그 행태가 몹시 싫었던 나는 잘못을 인정하게 만들려다 보니 싸움이 커지곤 했다. 게다가 나는 어떤 문제가 있으면 그 자리에서 해결해야만 하는 성격이다. 무엇 때문에 화가 났는지, 오해한 것이 있으면 그 오해를 풀고 왜 그랬는지가 이해되어야 하는데 그는 나를 이해시키기보다 침묵을, 인정하기보다 변명을, 변명이 통하지 않으면 그 자리를 벗어나기를 택했다.

   이런 싸움이 반복되자 나는 그가 회피하지 못하도록 우는 방식으로 그를 가뒀다. 울면서 분노를 표출하고 쏟아부으면 그는 꼼짝없이 그 자리에서 나의 분노를 받아내야 했다. 그럴 땐 그가 하는 말이 전부 변명처럼 들리고, 제 잘못을 인정하지 않으려는 태도로만 보였기에 더더욱 내 귀가 닫혀 있었는지도 모르겠다. 그도 그렇게 분노가 쌓이고 쌓이다 보니 자기 안의 화를 어찌할 바를 몰라 택한 방법이 제 자신을 해하는 것이었다.

서로 언성을 높이며 싸우다 보면, 그의 눈빛이 파르르 떨리는 순간이 있는데 그러면 그는 "도대체 나한테 어쩌라는 거야!" 하면서 자신의 뺨을 후려쳤다. 얼마나 세게 때리는지 쓰고 있던 안경이 날아갈 정도였다. 처음 그런 모습을 봤을 땐 나는 그대로 얼어붙었다. 예전에 그가 술에 취해 벽을 내리쳤을 때의 공포감이 그대로 밀려왔다. "뭐... 뭐하는 거야?"라고 물었지만 그는 대답 없이 떨어진 안경을 조용히 줍더니 집을 나가 한동안 들어오지 않았다. 우리는 공주의 시선이 닿지 않도록 하기 위해 공주가 잠든 밤에 싸우곤 했는데, 그는 그렇게 밤에 집을 나가 한참 후 본인의 화가 진정되면 조용히 들어와 잠에 들곤 했다. 그리고 다음 날은 아무 일 없었다는 듯 평소처럼 행동했다.

이미 그는 어젯밤에 마음을 정리하고, 화도 해결해버린 뒤라 그 문제를 다시 꺼내어 대화하는 것이 무의미한 것 같아서 나도 입을 다물었지만, 내 내면엔 해결되지 않은 많은 문제의 찌꺼기들이 쌓여가고 있었다.

그 뒤로도 부부싸움이 벌어져 내가 자신을 몰아붙인다는 결론에 도달하면 그는 눈빛이 돌변했고 어김없이 자신의 뺨을 내리쳤다. 처음엔 한 대에서 그치던 손이 두 대가 되고 세 대가 되었다. 그는 내겐 손대지 않았지만, 그 자신을 해하는 모습을 볼 때마다 저 손이 언젠간 나를 향할 것 같다는 두려움에 사로잡혔다.

예고도 없이 찾아온

다른 사람과 대화하기를 누구보다 좋아하던 나는 점점 입을 다물게 되었다. 그는 본디 말수가 적었기에 그렇게 우리는 대화가 단절되어갔다. 어쩌면 서로의 다름을 인정하며 맞춰가기보다 함께이기를 포기하고 각자도생하는 것이 편하다고 여겼을지도 모르겠다.

평일에는 각자의 일터에서 바쁘게 보냈다. 퇴근 후 나는 공주를 돌보는 데 온 신경을 쏟았고, 그는 야근을 자처하는 일이 많았다. 함께하는 시간은 점점 줄어들고, 전화를 하거나 메시지를 주고받는 일은 더더욱 없었다.

주말이면 평일 내내 공주를 돌봐주신 친정 부모님도 쉬셔야 하니, 나는 공주를 데리고 외출하거나 공주를 돌보는 데 몰두했고, 그는 주중에 쌓인 피로를 해결하려는지 늦잠을 잤다. 그렇게 주말마저 우리는 함께하지 않고 각자의 삶을 살았다. 물론 내가 여의치 않을 때는 그가 공주를 돌본 시간도 많았다. 그 나름대로 '아빠'로서의 몫은 다하려 노력했다.

주일엔 어김없이 함께 교회에 갔다. 여전히 찬송가를 부를 때 입을 꾹 다물고 있고, 설교시간엔 졸고, 교회에서 마주친 사람들에게 인사하지 않았지만 말이다. 누군가는 내게 "남편이 그래도 교회는 빠지지 않고 다녔네."라고 한다. 맞는 말이다. 하지만 그때의 나는 그런 그의 작은 노력조차 인정해주지 않았고, 밖에서는 좋은 모습만 보이고 싶은 나에게 맞춰주지 않는 그가 미웠다. 심지어 내가 모태신앙인임에도 불구하고 하나님에 대한 믿음이 없는 사람과 결혼한 뒤에도 그의 구원에 대한 애통함이 없었다. 그가 하나님을 만나고, 성령님이 함께하시도록 내가 더 간절히 기도해야 했지만 그러지 못했다. 그가 스스로 해내길 바란다는 핑계로 어느 순간부터 방관한 것이다.

지금 되돌아보면 그때의 우리는 서로에게 솔직하지 못했다. 아니, 정확히는 서로가 원하는 것을 솔직하게 말하는 법을 몰랐다. 상대가 좋게 알아들을 수 있는 우리만의 대화법을 고심하지 않았으며, 각자가 정말 원하는 것이 무엇인지에 대한 표현도 하지 않았다. 그저 서로에게 쌓인 불만을 터뜨릴 뿐. 나중에야 들은 이야기지만 그는 늘 눈치를 보며 살았다고 했다. 나와 싸우고 싶지 않았고, 우리 가족이 행복하면 좋겠다는 생각에 내게 최대한 맞춰주려 내 기분을 살폈다는 것이다. 당시에는 내 눈치를 보면서도 내가 제발 고쳐달라고 울부짖던 행동들을 꿋꿋이 반복하는 그가 도무지 이해되지 않았고, 그럴 거면 눈치는 왜 보나 싶었다. 이렇게 우리는 서로를 신경쓰긴 했지만 바라보는 방향이 달랐고, 해결하는 방법이 달랐고, 이해의 방식이 달랐다.

호탕하고 솔직하게 살아온 나조차 그의 눈치를 보기 시작했다. 그러다 보니 우리는 항상 같은 난관에 부딪혀 넘어지기 일쑤였고, 복잡한 미로 속에 갇힌 듯 같은 자리만 맴돌았다. 결국 서로

예고도 없이 찾아온

는 굳이 싸우느니 피하는 방법을 선택했다. 일례로 난 모든 집안일을 혼자 해결하려 했다. 혼자 해결하기 힘들면 죄송하긴 했지만, 아랫집에 내려가 친정 부모님에게 도움을 청했다. 그도 처음엔 그런 내 방식을 의아해 했지만, 이내 적응한 듯 보였다. 그래서 신혼 초 함께 정했던 '매주 화장실 청소하기'와 같은 그의 몫들이 2주에 한 번으로 바뀌고 급기야는 한 달에 한 번으로 바뀌었지만 아무 말도 하지 않았다.

싸우고 나면 항상 남편은 "미안해. 다음부턴 안 그럴게."라고 했지만 어김없이 그 다음에도 똑같이 행동했고, 그때마다 "아, 맞다."라는 말을 곁들였다. 나는 그제야 확실히 깨달았다. 결국 진심이 아닌 말은 행동으로 이어지지 못한다는 것을, 사람은 자기에게 중요한 것을 본능적으로 먼저 챙기고, 자신의 입에도 자주 올리게 되어 있다는 것을 말이다. 결혼 전, 그와 내가 서로에게 가졌던 마음은 이미 서로의 곁에 없었다. 그에게 나는 안중에 없었다. 그는 내게 '남편'이 아닌 '내 아이의 아빠'로서만 존재할 뿐이었다.

서로가 서로에게 더 기대할 것도 없다는 듯이 묵묵히 각자의 역할을 하며 지냈다. 그 각자의 역할이 삐걱거리거나, 역할에 대하여 부당함을 느낄 때 싸움으로 이어졌고, 시간이 지나면 또 언제 그랬냐는 듯한 일상으로 이어졌다.

그렇게 되는 대로 살아가던 어느 날부턴가, 돌덩이를 얹은 것마냥 가슴이 답답하고 먹는 족족 체하기 시작했다. 손끝, 발끝의 감각이 예민해진 것처럼 무언갈 만지면 저릿하고 통증이 느껴졌다. 소화제도 듣질 않으니, 뭔가를 먹고 싶단 생각이 들지 않아 밥 대신 아이스 아메리카노를 마셨다. 출산 후에 운동부터 다이어트 한약 복용까지 다양한 방법을 써봐도 안 빠지던 살이 기하급수적으로 빠져, 한 달 사이 몸무게가 10kg 줄어들었는데 병원에서도 원인을 모르겠단다. 여전히 가슴은 답답했고, 먹는 것은 게워냈다.

불현듯 몸의 문제가 아니라 마음의 문제라는 생각이 들었다. 휴대폰을 꺼내들어 검색창에 '상담센터'라고 치니 광고부터 시작해서 다양한 리뷰들이 검색됐다. 온라인 예약이 가능한 상담센터 중에서 집에서 가깝고, 가장 빨리 상담할 수 있는 곳을 찾아 예약했다. 센터 지점을 여러 개 둔 제법 규모 있는 곳이라 나름 안심이 되었다.

예약해둔 날, 상담센터에 가기 전부터 심장이 두근거렸다. '혹시라도 내게 마음의 병이 있다고 하면 어쩌지?' 하는 생각에 지금에라도 예약을 취소해야 하나 망설였다. 가끔 TV에서 여러 가지 사연으로 마음의 병을 얻어 길거리를 배회하거나 자신의 삶을 온전히 살아가지 못하는 사람들이 나오면 측은하게 여긴 적이 있다. '나도 그들처럼 되진 않을까?' 하는 극단적인 상상에 고개를 절레절레 흔들어 부정적인 생각을 쫓아내곤 발걸음을 옮겼다. "내 의지로, 누군가에 손에 이끌리지 않고 상담을 받으러 가는 것부터가 건강하다는 신호야."라는 말을 자꾸만 되뇌며 걷고 걸었다.

상담센터에 도착하니 내가 예상한 것과는 다르게 밝고 따뜻한 분위기가 나를 감쌌다. 내가 상상한 상담센터는 조금은 어두운 조명에 프라이빗한 공간으로 딱딱 나뉘어 있을 것 같았는데, 아기자기한 글씨체의 간판과 파스텔 톤의 벽과 가구들에 마음이 조금은 안정됐다.

이윽고 상담선생님과 마주하자 다시 심장박동이 빨라졌다. 그런 내 마음을 아셨는지, "긴장하지 않으셔도 돼요." 하셨다. 그날은 많은 이야기를 나누기보다는 내 현 상태를 알 수 있는 문장완성형 검사와 MMPI 검사(다면적 인성검사)를 진행했다. 결과는 일주일 뒤에 알 수 있고, 검사를 마친 후에는 잠시 이야기를 나누고 귀가하면 된다고 하셨다.

MMPI 검사란 성격 특성, 정서적 적응 수준, 검사에 임하는 태도 등 다양한 심리 내적 영역을 양적으로 측정할 목적으로 진행하는 검사다. 내용 척도에 따라 검사자의 불안, 공포, 강박, 우울, 분노, 자존감, 가정문제 등에 대한 수치를 알 수 있으며 문항이 많아 타당도 판별이 높은 편이라고 한다.

상담실에서 나와서 작은 방으로 옮겨 검사를 진행하는데 몇몇 질문들이 눈에 띄었다. 검사를 진행할 때는 깊게 생각하지 말고, 그렇다고 생각되는 부분에 바로 체크하라고 하셨기에 체크를 하면서도 이렇게 해도 되나 싶었다. 질문의 내용들이 정확히 기억나지는 않지만, '죽고 싶다는 생각을 한 적이 있다'와 같은 강도 높은 질문들이 있었는데, 내 머릿속에 떠오른 대답은 모두 '매우 그렇다'였다.

검사를 모두 마치고 상담사님과 30분 정도 이야기를 나눈 뒤, 집으로 돌아왔다. 그 다음 상담까지 일주일 동안 내 삶은 여전히 달라진 것이 없었고, 먹는 족족 게워내고 속은 답답했다. 없던 두통까지 날로 심해져 두통약을 먹어도 그때뿐, 최악의 컨디션이었다.

두 번째 상담 날, 마주한 상담사님은 내게 아무래도 약물의 도움을 받아야 할 것 같다고 하셨다. MMPI 검사 결과로만 봤을 때, 나는 우울증이 있고 더불어 자살충동과 화병, 강박증세까지 더해져 지금 마음과 정신이 매우 힘든 상황으로 보인다며. 보통의 경우에는 상담으로 천천히 마음을 돌보며 나아지기를 기대하지만, 상담사님이 보시기에 내 경우는 약물치료와 상담을 병행하는 것이 좋겠다고 판단하셨단다. 이에 MMPI 결과지와 소견서를 적어줄 테니 정신의학과에 가서 의사를 통해 약물치료를 함과 동시에 본인과의 상담을 이어가자는 것이었다.

상담센터에서 MMPI 결과지와 소견서, 근처의 정신의학과 목록이 잔뜩 적힌 종이를 받아들고 나와서 하늘을 올려다보았다. 봄이었는데도 가을 하늘처럼 맑고 파랬다. 그렇게 한동안 하늘을 보고 있다가 나도 모르게 교회로 발걸음을 옮겼다.

방귀 뀐 놈이
성낸다

　　　　　　　왜 무작정 교회로 발걸음을 옮겼는지는 모르겠지만, 그렇게 해야만 할 것 같았다. 평소였다면 교회 사무실에 들러 목사님들과 교역자님들에게 인사했겠지만, 바로 지하에 있는 예배당으로 내려갔다. 내가 다니는 교회는 몇 해 전 신관을 짓고 구관은 리모델링했는데, 본래 구관 지하에 있던 예배당을 현재는 학생부가 사용하고 있었기에 평소에는 다른 사람들이 드나들지 않았다.

　　지하 예배당으로 내려가다 보면 중문이 하나 있는데, 그 문은 여닫을 때 꽤 크게 삐그덕대는 소리가 난다. 그날도 어김없이 소리가 났는데, 유난히 그 소리가 귓가에 맴돌았다. '내 마음의 문도 기름칠을 하지 않아서 녹이 슬어 삐그덕대나. 그 소리가 듣기 싫어 문을 열 생각조차 하지 못하고 닫아만 둔 건 아닐까. 그래서 이제는 닫힌 게 편해져 버린 상태까지 온 걸까' 싶었다.

한낮이었음에도 불을 켜지 않은 지하 예배당은 어두웠다. 예배당 제일 뒤에 앉아서 강대상 뒤로 조명이 켜진 십자가를 한참 바라보는데 갑자기 눈물이 왈칵 쏟아졌다. 원망들을 쏟아내며 울었다.

"하나님, 지금 저한테 벌주시는 거예요? 제가 믿지 않는 사람과 결혼해서요? 제가 불행하길 바라셨나요? 그러면 성공하셨네요. 저 지금 불행하거든요. 몸도, 마음도 불행하고 우울하고 아파요. 죽고 싶을 만큼이요. 하나님은 뭐든 아시는 분이니 아시겠네요. 제가 죽고 싶다는 생각을 얼마나 많이 하고 사는지. 하나님이 제 인생길을 예비하신 거라면, 제가 믿지 않는 사람과 결혼하지 못하게, 아니 이런 길로 오지 못하게 다 막아주셨어야죠. 전지전능하다면서, 뭐든 다 하실 수 있다면서 제 인생이 이게 뭐예요? 어렸을 때부터 지금까지 제게 뭐 해주셨어요? 저 열심히 살았잖아요. 예배를 빠지기를 했어요, 헌금을 안 했어요, 학생부 회장에, 청년부 회장, 리더 시키시면 리더 하고, 찬양팀 시키시면 찬양팀 하고, 누구 자리 메꾸라면 메꾸고! 하라는 건 다 했는데 하나님은 제게 뭐 해주셨냐고요!!"

지금도 다 생각나지 않을 정도로 눈물 콧물 쏟아가며 소리 지르면서 응어리진 마음을 다 뱉어냈다. 지금 생각해보면 나는 하나님을 잘 알고 있는 것처럼, 믿음 좋은 사람처럼 행동했지만 하나님에 대해 무지했고, 한참을 오해했으며, 내 자신이 하나님으로부터 얼마나 멀리 떨어져 있는지조차 깨닫지 못했다. 나의 신앙에는 주님이 이렇게 열심을 다하는 의로운 내게 복을 주셔야만 한다는 생각이 밑바탕에 깔려 있었다.

한참을 울부짖었으나 다른 사람들에게는 잘만 들린다는 하나님의 음성이 내게는 들려오질 않았다. "하나님은 왜 매번 제게만 침묵하세요? 그렇게 제가 싫으시면 내치시지, 붙들고 있는 이유는 뭐예요!" 내 인생에서 하나님은 항상 침묵하신다. 단 한 번도 속시원히 대답해주신 적이 없다. 그러니 무언가를 놓고 기도해도 내가 하나님이 원하시는 길로 인도되고 있는지, 아닌지 알 수가 없었다. 안개가 자욱한 길을 막연하게 걸어갔고, 확연하게 양쪽으로 갈린 갈림길에서는 내 선택에 의해 미래가 결정됐다.

모태신앙인으로 성실히 교회생활을 하긴 했지만, 내게는 하나님에 대한 좀 더 세밀한 지식, 올바르게 기도하고 그 기도 응답을 듣는 방법, 진짜 믿음은 무엇인지에 대해 알려줄 누군가가 필요했다. 하지만 이미 많은 사람들이 '쟤는 충분히 알고 있을 거야'라는 시선으로 바라보고 있었기에 나는 "모른다."라고 말할 용기가 없었고, "저 좀 가르쳐주세요."라고 간절히 외치지 못했다.

기도라고 할 것도 없는 신세한탄을 한바탕하고 나니 맥이 풀려 힘없이 앉아 있는데, 갑작스레 '그리스도인이 우울증에 걸려도 되나?'라는 자기 정죄를 하기 시작했다. 하나님을 믿는다는 사람이 우울증과 마음의 병이 생겨 정신과에 다닌다고 하면 사람들의 시선이 어떨지에 대한 생각에 사로잡히자 두려웠다. 생각이 꼬리에 꼬리를 물고 자꾸만 나를 아래로 아래로 잡아당기는 듯했다. 내가 하찮아지고, 세상에서 가장 큰 오점이 되어버린 기분.

더이상 쏟아낼 원망도 생각나지 않을 만큼 비워내고 나니, 그제야 주변이 눈에 들어왔다. 지하 예배당의 창문 틈으로 희미하게 들어오던 햇살이 사라져 한층 더 어둡고, 공기는 무거웠다. 이제 그만 집으로 돌아가려 일어나는데, 갑자기 '그깟 정신과 치료 좀 받으면 어때. 그게 뭐라고! 툭 털고 일어나면 되잖아. 움츠러들지 말자' 하는 생각이 차올랐다.

몇 시간 동안 교회에서 혼자 씨름한 것 따위는 별일 아닌 사람처럼 허리가 꼿꼿이 펴지고 어깨에 힘이 들어갔다. 그대로 씩씩하게 집에 돌아가 엄마에게 상담센터에서 들은 검사 결과에 대해 이야기하고, 정신의학과에 다니겠단 말도 덧붙였다. 엄마는 내 이야기를 끝까지 들어주고는 잠시 생각한 후 "기도할게."라고만 하셨다. 남편에겐 말하지 않았다. 정확하게는 말하고 싶지 않았다. 그 당시의 나는 그에게 책잡힐 만한 여지를 주고 싶지 않았기에.

언젠가 구약시대 이스라엘 백성을 부러워한 적이 있다. 그들은 하나님의 음성을 직접 들을 수 있었다. 모세는 떨기나무에 불이 붙는 것을, 제 손의 지팡이가 뱀으로 변하는 것을, 바다가 갈라지는 역사를 두 눈으로 목격했다. 하나님이 낮에는 구름기둥으로, 밤에는 불기둥으로 이끄셨기에 그런 이적을 보면서도 하나님을 믿지 못하는 이스라엘 백성이 참 우둔하다 생각했다.

아주 나중에야 깨닫게 되었지만, 내 삶의 어느 한 순간도 우연이란 없었다. 그렇게 찰나의 순간이 쌓이고 쌓여 내 삶이 된 것이다. 더불어 하나님은 항상 말하고 계신데 그 음성 듣기를 거부한 것은 누구도 아닌 바로 나라는 것도 말이다.

나보다도 훨씬 고통스러운 삶을 살았던 욥은 이렇게 말했다. "그러나 내가 가는 길을 그가 아시나니 그가 나를 단련하신 후에는 내가 순금 같이 되어 나오리라"(욥 23:10).

욥과 같은 믿음이 없던 나는 하나님이 내 삶 전체를 통해 깨달을 수 있는 기회를 끊임없이 주고 계심에도 눈치채지 못하고 원망만 쏟아냈다. 나를 창조하신 하나님은 이미 다 알고 계신다. 내가 어떠한 길을 갈지, 어떠한 선택을 할지, 내가 이겨낼 수 있을지.

내가 엉망진창인 삶을 살 수밖에 없던 이유는 내 안에 그리스도가 없기 때문이었다. 아이러니하게도 그때의 나는 스스로 그리스도인이라면서도 정작 그리스도를 알지 못했다.

고쳐 쓸 수 없는 마음

'발 디딜 틈이 없다는 말은 이럴 때 쓰는 거구나' 하는 생각이 들었다. 정신의학과 병원은 많은 사람들로 붐볐지만 몹시 고요했다. 들리는 소리라고는 다음 순서의 이름을 부르는 간호사의 목소리뿐이었다. 긴장하면 나도 모르게 검지로 엄지손톱 부근을 뜯는 버릇이 있는데, 이미 양손 엄지는 빨갛게 살갗이 보였고, 짧아진 손톱 안쪽으로 피가 맺혔다. 감기에 걸리면 병원을 찾듯이 이것도 마찬가지라고 생각하고 또 생각했지만 익숙하지 않은 풍경과 병원 이름이 주는 무게감이 남달랐다.

내 진료 순서가 되어 이름이 불렸지만 대기실 소파에 엉덩이가 붙기라도 한 양 벌떡 일어나지 못했다. 최대한 느릿느릿 일어나 늑장을 부렸다. 마치 엄마의 손에 이끌려 치과 진료실에 들어가는 아이의 발끝이 바닥에 질질 끌리는 것처럼 발이 차마 떨어지지 않았다. 손잡이를 잡아 돌려 문을 열자 의사 선생님이 보였고, 진료실 풍경은 다른 병원들과 크게 다르지 않았다. 다른 점이 있다면 의사선생님과 완전히 마주보는 위치에 환자 의자가 있다는 것, 진료실에 함께 들어오는 간호사가 없다는 것이었다.

"앉으세요."

내가 두리번거리며 쭈뼛대자 의사선생님은 내게 말을 건넸고, 의자에 앉은 나는 그분의 얼굴을 쳐다볼 수가 없었다. 왠지 마음을 몽땅 읽혀버릴 거 같달까. 나는 조용히 상담센터에서 받았던 MMPI 검사 결과지를 내밀었다.

"상담센터에서 MMPI 검사를 받았는데요. 병원에 가보는 게 좋겠다고 해서요."

의사선생님은 검사지를 차분히 한참을 들여다보시더니 내 근래의 증상을 물었다.

"저... 때때로 우울감이 느껴지긴 하지만 즐겁게 생활할 때도 있어요. 불면증은 좀 심한 편이고, 사회생활하는 데는 문제없습니다. 가장 무서운 건 출퇴근할 때 운전을 하다가도 갑자기 '앞차를 들이받으면 어떻게 될까?' 하는 생각이 들기도 한다는 거예요. 그리고 감정기복이 원래 좀 있던 편이긴 한데, 갑자기 눈물이 막 난다든지... 아, 요즘 살이 급격하게 빠졌어요. 삶이 무기력하게 느껴지기도 하고, 근데 정말 일하는 데는 아무 문제없었습니다."

두서없이 생각나는 대로 말을 하는데도 의사선생님은 차분히 끝까지 들은 후 입을 떼셨다. 우울증의 경우, 일상생활이 어려울 정도의 중증환자도 있지만, 일상생활이나 회사생활을 다 해내면서도 겪는 경우도 많아서 자신이 우울증이 있는 것조차 모르는 사람이 적지 않다고 했다. 나의 경우는 약물 치료와 상담센터에서의 상담을 병행해서 치료해보자며 일단 우울증 약을 처방해줄 텐데 약을 먹으면 기분이 좀 처질 수 있고 잠이 올 수도 있으니 운전하기 전에는 먹지 말라 하셨다. 또한 약을 임의대로 먹다 안 먹다 해서는 안 되고, 반드시 의사와 상담 후에 약을 늘리거나 줄여야 한다는 등의 주의사항을 일러주셨다.

실제로 약은 마음을 가라앉히는 데 많은 도움을 주었다. 처음 약을 받았을 때는 우울한 내 마음에 약이 정말 도움이 될까 싶었고, 설령 마음을 가라앉힌다 해도 더 우울해지는 건 아닐까 염려스러웠다. 하지만, 약은 부정적인 생각들이 들어오는 틈을 막았고, 과한 감정의 요동을 잠재우는 역할을 했다. '의사선생님이 말씀하신 마음을 가라앉힌다는 의미가 이런 것이구나' 싶었다. 약의 지속시간은 8-9시간 정도로, 그 지속시간 사이에 내 마음을 다스리는 연습을 꾸준히 해야 했다. 상담을 받는 것 또한 그 연습 중 하나였다.

상담센터 방문은 일주일에 한 번 정기적으로 이루어졌는데, 상담선생님에게 인생의 전반을 이야기하는 것이 쉬운 일은 아니었다. 상담을 하는 동안 어렸을 적부터 지금까지의 내 모습을 적나라하게 마주하기도 했으며, 알고 있었지만 마음속 깊은 한구석에 숨겨두었던 나의 모자란 부분들까지도 낱낱이 밝혀야 했다. 상담 3회차가 되자 드디어 현재의 삶을 이야기할 수 있게 되었는데 남편의 이야기가 나오자 감정이 격해졌다. 분노가 마구잡이로 표출되고, 약의 지속시간임에도 통제가 안 될 만큼 사나운 감정을 드러내자 상담선생님은 이 정도의 상태라면 남편 또한 만만찮은 감정의 골을 갖고 있을 거라며 부부상담을 받아볼 것을 권유하셨다.

마음이 복잡했다. 남편에게는 내가 상담센터에서 상담을 받고 있는 것도, 정신의학과에서 약을 처방받아 복용하고 있는 것도 말하지 않은 상황인데 부부상담이라니. 무엇보다 부부상담이 우리에게 과연 도움이 될지에 대한 확신이 없었다.

무거운 발걸음으로 집에 돌아왔는데 공주가 나를 반겼다. 이제 막 걸음마를 떼 몇 발자국을 겨우 걸을 수 있는데, 그런 걸음으로 엄마에게 인사하겠다고 세상 예쁜 웃음을 띠며 다가오는 공주를 보자니 왈칵 눈물이 났다. '그래. 공주를 생각하면 남편과의 사이가 조금씩이라도 나아져야 해. 나의 창피하고도 고단하며, 숨기고 싶었지만 그럴 수 없었던 어린 시절의 삶을 공주에게마저 대물림할 수는 없어. 무조건 나부터 노력해야 해.'

그날 밤, 싸움 없이는 1년 가까이 마주하지 않았던 남편의 얼굴을 정면으로 마주했다.

"나 요즘 우울증으로 상담 받고 있어. 그리고 약도 먹어."

늘 우리의 싸움터였던 작은 방으로 그를 불러내자 이번에도 그럴 거라 예상했을 남편은 떨군 고개를 천천히 들어올려 나를 바라봤다.

"말 그대로 나 우울증 진단 받았어. 우울증이면 삶이 다 망가지는 줄 알았는데, 그런 건 아니고. 봐서 알겠지만 일상생활도 가능한가 봐. 상담사가 부부상담이 필요해 보인다고 같이 상담 받아보라는데 어떻게 생각해?"

한참을 말이 없던 그는 알았다는 짧은 대답을 하곤 안방으로 돌아가 잠을 잤다. 그에게 어떻게 말해야 할지 하루 종일 마음 조리고, 심란해했던 내 자신이 바보스러웠다. 이후 상담일정에 관한 건 모두 카톡으로만 대화했다.

그렇게 상담센터에 함께 방문하는 첫 일정이 잡혔고, 집에서 센터까지는 그리 멀지 않기에 우린 도보로 이동했다. 그는 내 한 발짝 뒤에서 조용히 나를 따라왔고, 나는 그 침묵이 부담스러워 귀에 이어폰을 꽂은 채 걸었다. 센터에 도착해서 내가 접수를 하는 동안 내가 그랬듯 그도 센터를 천천히 둘러보고 있었다. 그가

MMPI 검사를 포함한 몇 가지 검사들을 받고, 개인상담을 하는 동안 나는 밖에서 대기했다. 그렇게 각자 개인상담이 끝나면 부부가 함께 들어가 상담을 받는 형식이다.

그렇게 몇 차례의 부부상담과 개인상담, 약물복용이 꽤 진행되었음에도 사실 내 마음은 크게 나아지지 않았다. 물론 약을 먹었을 때 나타나는 효과들이 있지만 그때뿐이었고, 내게는 뭔가 근본적인 해결이 필요했다.

그러던 어느 일요일, 아버님의 생신상을 거하게 챙겨드리고 싶은 마음에 새벽 수산물시장에 가서 킹크랩 두 마리를 샀다. 킹크랩을 수산물시장에서 찌면 예배드리고 시댁으로 이동하는 사이 다 식을 것 같아서 예배가 끝나자마자 집에 돌아와 부랴부랴 쪄서 시댁으로 향했다. 공주가 어리기에 챙길 짐도 많고, 운전도 해야 했지만 정신없는 와중에도 다 해냈다는 안도감에 희열감마저 느꼈다.

시댁에 도착해서 보온을 위해 꽁꽁 싸맨 스티로폼 상자를 열자 김이 폴폴 올라오는 걸 보니, 따뜻한 식사를 대접해 드릴 수 있겠다 싶어 뿌듯해하며 상을 차렸고 어머님, 아버님, 남편과 나, 그리고 공주가 한 상에 둘러앉았다. 새벽 수산물시장에서 수율 좋은 무거운 놈으로 고르고 골라 온 것이기에 식탁의 모두가 화기애애했다. 아버님의 그 한마디 전까지는. 아버님은 킹크랩 다리를 하나 드시면서, "아, 내가 아들 덕에 이런 걸 다 먹어 보고. 아들, 고맙다." 하셨다.

순간 새벽부터 부산을 떨며 수산물시장에 다녀온 일, 교회에 다녀와서 부랴부랴 찜통에 킹크랩을 찌던 일, 뜨거운 가스레인지 앞을 지키며 서성이던 일, 조금이라도 더 온기를 지키고 싶어서 꽁꽁 싸맨 후 내 손으로 운전하여 시댁으로 온 일이 눈앞에 필름이 감기듯 차르륵 지나갔다. 서글펐다. 우리의 주례 없는 결혼식 때도 아버님께 편지를 부탁드렸는데 며느리에 대한 언급은 단 한 번 없으셨고, 매번 시댁에 방문할 때마다 공주에게 "어이쿠, 우리 손녀 아빠 닮아 똑똑하네." 하시던 아버님이었다. 나란 존재는 이곳에서 아무짝에도 쓸모없게 느껴져 슬그머니 들고 있던 킹크랩 다리를 내려놓았다.

식사를 마친 어머님의 "킹크랩은 먹을 건 별로 없는데 쓰레기만 많이 생겨."라는 말씀이 마치 나를 향한 비난처럼 들렸다. 물론 내가 느끼는 감정이 비약이었을 거다. 하지만 그 자리가 더 불편해졌고, 그런 와중에도 남편은 아무 말도 하지 않았다. 늘 그렇듯 그는 어떤 문제도 느끼지 못하는 것 같았다.

식사자리를 치우고 남편과 아버님이 공주와 놀아주는 틈에 어머님과 단둘이 식탁에 앉아 커피를 마셨다. 식은땀이 났다.

"우울증은 왜 걸렸다니? 뭐가 부족해서?"

깜빡이가 없는 질문이 훅 들어왔다. 남편이 늦은 시간까지 야근하는 일이 생기면 종종 회사와 가까운 시댁에서 자곤 했는데, 아마 그때 어머님께 나의 우울증으로 부부상담을 받고 있다는 얘기를 한 것이 아닌가 짐작했다.

"그러게요..."

몹시 난감했고, 뭐라 대답해야 할지 몰라 눈을 둘 곳이 없었다.

"네가 예민해서 그래. 예민하면 못 쓴다. 그냥 그러려니 해야지. 너는 그러려니 하는 법이 없잖니. 그러니까 너 혼자 우울증 같은 거나 걸리는 거야. 그래서 일은 제대로 하니? 애는 제대로 키워? 공주가 영특해서 눈치가 빤해. 너 안 닮고 밝고 명랑하니 다행이지."

이후에도 계속 뭐라 말씀하셨는데 기억이 나지 않는다. 기억하고 싶지 않아서 잊었는지, 듣는 순간에 정신을 차릴 수가 없어서 기억하지 못하는 것인지조차 모르겠다. 시간이 어떻게 흘렀는지 저녁이 되어 집으로 돌아왔다는 것 말고는 그날의 일이 마치 일어나지 않은 일처럼 머릿속에서 사라졌다. 난 그날 이후 우울증 약을 더 세게 처방받았다.

고쳐 쓸 수 없는 마음

부부상담은 계속됐다. 남편의 회사가 바빠지다 보니 퇴근 이후에 상담을 받는 경우가 많아졌고, 자연스레 친정엄마에게 공주를 맡기는 시간이 늘어났다. 심적으로 더 조이는 상황이 되자 상담하는 시간에도 이성적으로 생각하기가 어려웠다. 부부상담을 받는 중에도 싸움을 하기 시작했는데, 나는 화를 내고 남편은 침묵하거나 피하려고만 했다. 그렇게 우리는 점점 가까워지기보다는 더 분리되어 갔고, 결혼 전 혼자일 때보다 더 큰 외로움과 고통이 내 삶을 지배했다.

한집에서 함께 살기는 했지만 나는 완전히 혼자라고 느꼈다. 결혼 전에는 주변으로부터 착하다는 말을 듣곤 했는데, 점점 내가 너무 악해져 가는 것만 같았다. 사소한 자극에도 참지 못하고 쉽게 폭발했고, 이제는 나 자신이 부족하고 사랑스럽지 못하다고 느껴졌다. 모든 것이 우울하고 막막했음에도 조금이라도 나아질지 모른다는 희망의 끈을 놓지 못했고, 부부상담은 내 마지막 지푸라기였다.

꾸역꾸역 부부상담을 이어가던 중 남편과 손을 잡고 눈을 마주보며 이야기하는 시간이 있었다. 신혼 초 이후로는 그와 손을 잡은 적이 거의 없었기에 매우 어색했지만, 그가 내민 손 위에 내 손을 얹었다. 상담선생님이 질문을 하면 정해진 답변의 빈칸에 나의 생각을 채워 말하는 프로그램이었다. 예를 들어, 질문이 "남편에게 감사한 점이 무엇인가요?"라면, "자기야, 나는 자기가 내게 _____해서 감사해." 하고 답변하면 된다. 여기서 중요한 점은 반드시 잡은 손은 놓지 않아야 한다는 것과 마주본 눈을 피해서는 안 된다는 것이다.

처음 몇 개는 쉬운 질문들이었다. 자신의 잘못과 미안한 점을 이야기하는 고해성사 같은 대답을 주고받았다. 문제가 된 것은 그 다음 질문이었다.

"남편분이 먼저 대답하도록 하겠습니다. 아내분에게 감사한 점을 되도록 자세하게, 세 가지 이상 이야기해보세요."

"음... 본인 일 하면서 집안일도 하는 거 힘들 텐데 다 해내고, 양쪽 집안 다 챙겨줘서 고마워. 그리고..."

'내색을 안 해서 그렇지, 다 알고는 있었구나.'라는 생각을 하는 찰나,

"우리 엄마처럼 배려심 있고, 나도 잘 챙겨주고, 따뜻한 사람이라서 고마워."

'우리 엄마처럼'이라는 말이 내게는 너무 충격적이었다. 내가 시댁을 힘들어하고 있고, 특히나 어머님 특유의 말투에 무수히 상처받고 있다는 것을 알고 있는 사람이 나를 어머님에게 빗대어 고맙다고 하다니. '나만 관계 회복을 위해 아등바등하고 있구나.'라는 생각이 몰려왔다. 갑자기 눈물이 봇물 터지듯 터졌고, 더이상 그의 눈을 마주볼 수가 없었다.

고쳐 쓸 수 없는 마음

"상담 진행하실 수 있겠어요?"

"아니요... 저 그만하고 싶어요."

그것이 우리의 마지막 부부상담이었고, 나는 개인상담과 약물복용도 모두 멈췄다. 더이상 관계 회복을 위한 어떠한 노력도 하고 싶지 않아졌고, 그렇게 우리의 관계는 회복 불능 상태가 되었다.

2부 막장 드라마

작은 알약에
내 목숨을 맡겼다

　　　　　미움만이 남았다. 누군가를 이토록 미워할 수 있을까 싶을 정도로. 미움이 커질수록 나의 몸도 고장났다. 대상포진에 감염되어 젊은 나이에 뇌경색 환자가 됐고 스트레스로 탈모가 진행되기도 했다. 입원 당시 스테로이드 약물 치료를 받았는데 부작용으로 몸무게가 급격히 늘어났고, 자존감은 바닥을 쳤다.

　더욱 견디기 힘든 건 마음의 문제였다. 내 마음을 가득 채운 그를 향한 분노와 증오가 좀처럼 사그라들지 않자, 급기야는 영화나 드라마에서 본 장면들처럼 온갖 끔찍한 망상을 하기에 이르렀다. 내 자신에게 소름이 끼치는 순간들이 늘어갔고, 그럴 때마다 그 뒤로 밀려오는 죄책감으로 삶은 더욱 피폐해져 갔다.

　내 삶은 이렇게 시시각각 무너져 내리는데, 그는 아무렇지도 않게 생활했다. 물론 내 표정을 살피거나, 제 몫의 일을 하려고는 했지만 그것이 전부였다. 한집에 살고 있을 뿐 각자의 인생에 서로는 없었다.

코로나19가 발생한 이후엔 삶이 더욱 곤고해졌다. 팬데믹이 지속되자 해외출장길이 뚝 끊겨 그와 떨어져 지낼 수 있는 시간이 줄었다. 그래도 해외출장을 다닐 때는 한 달쯤 서로 떨어져 있으니 그에게 쌓여 있던 분노와 증오를 가라앉힐 시간적 여유가 있었는데, 그럴 여유조차 사라지자 그를 향한 부정적인 감정들이 털어지지 않고 계속 쌓이기만 했다.

엄마와 아빠가 이런 상황이니 당연히 아이에게 영향이 갈 수밖에 없다. 예민해진 엄마, 방관하는 아빠 그리고 나의 입원과 병치레가 반복되자 고작 3살이었던 공주에게 원형탈모가 생겼다. 군데군데 50원, 100원 동전만한 탈모가 생겼고, 소아과나 피부과에서도 탈모를 해결해주지 못했다. 아이에게 스테로이드 약을 세게 쓸 수도 없는 상황에 애끓는 어미의 심정은 이루 말할 수 없었지만, 어미로서 할 수 있는 일이 병원에 데려가는 것 말고는 없기에 더욱 죄스러웠다. 탈모의 원인을 포함한 모든 것이 다 내 탓인 것 같았고, 아이가 아닌 엄마인 내가 문제라는 것이 너무 슬프고 우울했다.

결국 나는 아무도 모르게 사후 약방문 격으로 다시 정신의학과를 찾았다. 이전 기록이 남아 있는데다, 현재 상황에 대한 상담이 더해져 좀 더 많은 용량의 약을 처방받았다. 남편이나 나, 둘 중 누군가가 죽었으면 좋겠다는 생각만이라도 잠재우고 싶었다. 이제 내 목숨은 이 작은 알약에게 맡겨진 것이나 다름없다.

그 작은 알약으로 인해 일상이 순조롭게 돌아가는 듯 보였다. 일하는 것도, 사회적 대인관계도 어느 것 하나 문제될 게 없었다. 약의 용량이 늘어난 탓인지 마음도 꽤 안정되어 온갖 망상도 사라졌다. 하지만 부정 에너지 총량의 법칙이 있기라도 한 듯 다른 성질들이 꽤 나빠지기 시작했다. 먼저, 하는 일이 완벽해야 했다. 내가 계획한 대로 되지 않으면 욱했다. 또한 이상한 정의감에 빠져 내 기준에 옳지 못하다 생각되는 부분들이 있으면 상대가 누구라도 일단 들이받고 시작했다. 게다가 공허한 마음을 채운다는 핑계로 필요하지도 않은 것들을 갖은 이유를 붙여서 사들이기도 했다.

그래도 공주의 원형탈모가 나아지는 것처럼 우리 가족도 겉으로는 안정을 찾은 듯했다. 물론 남편과 나는 여전히 생존과 관련된 주제 외에는 대화하지 않았지만, 부부싸움 횟수는 현저히 줄어들었으며, 서로를 긁는 일 또한 거의 없었다. 시댁에 2주에 한 번 가는 일도 지속되었는데, 달라진 점이 있다면 내가 포기하고 불만을 토로하지 않았다는 것이다.

그때 예상하지 못한 일이 발생했다. 평소처럼 회사에서 일하고 있는데, 문자 알림이 울렸다. 휴대폰 화면에 남편 이름이 떴다. 평소 출퇴근을 알리는 것 외에는 문자를 하지 않기에 무슨 일이 났나 싶어 빠르게 문자를 확인했다.

"아버지가 공장에서 다치신 것 같아. 크게 다치신 것 같아서 급히 반차 쓰고 아버지한테 갈 거야. 오늘 집에 못 들어갈 수도 있어."

정확하게는 모르지만 아버님은 플라스틱 사출 성형과 관련한 공장에서 일하고 계셨다. 보통은 공장 직원들을 관리하시지만 때론 직원들에게 일을 가르쳐주면서 기계를 다루시기도 한다고 들었었다. 곧바로 남편에게 전화를 걸었다. 공장 직원의 일을 도우시다가 프레스 기계에 손가락이 끼었고, 오른 손가락 일부가 절단되었단 이야기를 전해 들었다. 남편의 목소리가 떨리고 있었기에 진정하고 운전 조심하라는 말을 건네곤 전화를 끊었다.

아버님의 사고 소식은 사실 나에게도 적잖이 충격이었다. 나의 친아빠도 공장에서 손가락을 잃었었다. 남편과의 통화를 끊자마자 나는 5살로 돌아가 어스름이 지던 밤, 단칸방의 문이 열리며 들어오던 아빠의 얼굴과 마주했다. 아빠는 그 모습 그대로 역에 나가 있었다면 노숙인이라고 할 만큼 꾀죄죄했고, 얼굴엔 슬픔과 억울함, 화가 가득해 보인다. 아빠의 손엔 붕대가 감겨 있다. 손가락을 잃었다고 했다. 손가락 마디 하나를 잃었을 뿐인데 아빠는 세상을 다 잃은 양 살아갔다. 나는 그런 아빠가 불쌍했고, 아빠가 돌보지 않는 가게 일을 고사리 손으로 도왔다. 하지만 툭 털고 일어나주길 바라는 내 마음도 모른 채 아빠는 끝끝내 그러지 못했다.

남편은 이틀 뒤에나 집에 돌아왔고, 피곤했는지 잠만 잤다. 공주에게는 아빠를 자게 두자고 하고 푹 잘 수 있게 해주었다. 그에게서 5살의 내가 보여 왠지 모를 연민이 느껴졌다. 그에게 가졌던 모든 부정적 감정들이 봄철 눈 녹듯 사라지는 것은 아니었지만, 그가 살아내는 세상도 만만찮게 어렵고 힘들겠다는 생각이 들었다.

그가 잠에서 깨자, 위로의 말을 건네고 싶었다. 몇 날 며칠, 아니 수개월도 넘게 따뜻한 감정의 말 한마디 주고받지 않았기에 남편에게 위로의 말을 건넨다는 것은 매우 큰 용기가 필요한 도전이었지만, 지금이 아니면 할 수 없다는 생각에 조심스레 말을 건넸다.

"힘들지? 근데 다 잘될 거야. 아버님이 아직 건강하시니까 금방 적응하실 거고. 이번 일 계기로 좀 쉬시면 좋지 않을까? 아버님 좀처럼 쉬질 못하셨잖아. 네가 힘들어하면 아버님이 더 힘들어

하실 테니까. 자주 찾아뵙고, 힘내야지."

남편은 다소 놀란 듯 보였지만 생각해줘서 고맙다며 웃었다. 그의 웃는 모습을 정말이지 아주 오랜만에 보았다.

이후 나는 관계 개선을 위해서 함께 보내는 시간을 늘려 나갔다. 예전에는 친정 부모님까지 모두 함께 움직이거나, 친정엄마와 공주, 그리고 나만 외출하는 경우가 많았는데 일부러 남편, 공주 그리고 나, 이렇게 정말 우리 세 식구만 놀러 갔다 오고, 친구 J와 부부동반으로 콘서트를 가고, 고등학교 친구들과의 부부동반 모임을 더 자주 가졌다.

남편은 함께하는 시간이 많아지면 많아질수록 우리 사이가 더욱 회복된다고 생각했다. 하지만 나의 마음 깊은 곳은 그렇지 못했다. 그에 대한 연민의 마음이 생겼던 것, 함께하는 시간이 많아진 것은 사실이지만 그가 깨뜨린 믿음이 회복됐다거나, 그를 향한 분노가 모두 없어진 것은 아니기 때문이다. '그럼에도 함께 살아가야 했기에 어떻게든 방법을 찾는 중'에 가까웠다.

판도라의
상자

당신의 눈앞에 판도라의 상자가 놓여 있다면 열어볼 것인가, 말 것인가? 태초의 인간인 아담과 하와도 하나님께서 절대로 먹지 마라 명하셨던 선악과를 따 먹고 에덴동산에서 쫓겨났다.

하지 말라는 것은 더 하고 싶은 법이다. 무럭무럭 자라고 있는 우리집 공주만 봐도 알 수 있다. 누가 가르친 것도 아닌데, 하지 말라는 것은 꼭 한 번 더 해보곤 한다. 인간의 '죄성'이라는 게 이런 건가. 하지 말라면 더 하고 싶어지는, 그런 본성이 나에겐 좀 더 강하게 작용한다.

모든 것이 평온하던 어느 날, 퇴근한 남편에게서 묘한 냄새가 났다. 평소에는 맡지 못하던 냄새였다.

"무슨 냄새야?"

"뭐가?"

"무슨 냄새 안 나?"

"모르겠는데? 오늘 같이 퇴근한 회사 동생 향수 냄새가 뱄나?"

몇 마디 나눈 남편은 바로 씻으러 욕실로 들어갔다. 별 대수롭지 않게 생각하려던 찰나 남편이 퇴근하면서 벗어 스타일러에 넣어둔 재킷이 떠올랐다. 평소 남편의 휴대폰이나 출퇴근 가방, 면허취소에서 해방되고 되찾은 그의 차, 옷가지들은 그의 사적 영역이기에 함부로 터치하지 않는다. 그건 나만의 규율이었다. 어쩌면 역지사지의 마음일지도 모른다. 너도 내 사적 영역에 함부로 발들일 생각하지 말라는 무언의 경고 말이다. 하지만 그 규율을 처음으로 깨버리고 싶을 만큼 강한 의심이 마음을 사로잡았다. 당장이라도 열심히 제 할 일을 하며 냄새를 털어내고 있는 스타일러를 멈추고, 그의 재킷 안주머니에 손을 넣으면 뭔가가 튀어나올 것 같은 깊은 의심이 배꼽 언저리에서 싹을 틔웠다. 판도라의 상자였다.

남편에게는 이미 전적이 있다. 그의 크고 작은 거짓말들은 매우 뻔했지만 남편은 자기 자신이 나를 매우 잘 속여내고 있다고 착각했다. 그래서 거짓말이 들통날 때마다 인정하려 들지 않았고, 그러한 점이 나를 더욱 분노하게 하여 싸움이 커지곤 했다.

내게 남편의 신뢰도는 매우 낮았다. 생소한 냄새 하나로 의심이 바로 싹틀 정도로 미약했다. 짧은 사이 나는 몹시 갈등했다. '지난한 결혼생활 중 겨우 찾은 평화로운 시기에, 내가 이제야 안정적으로 생활하고 있는데 굳이 판도라의 상자를 열어야 할까? 만약 내가 감당해내기 어려운 것들이 튀어나온다면 그 후폭풍은? 하지만 이대로 찜찜하게 덮어놔봐야 의심의 싹만 자라게 해서 결국 파국이 오진 않을까?'

결국 스타일러의 일시정지 버튼을 누르고 문을 열었다. 스타일러 안의 열기가 두 뺨으로 전해졌다. 해서는 안 되는 일을 저지르고 있다는 생각에 내 뺨이 상기가 된 것인지, 스타일러 안의 열기 때문인지 거울에 비친 내 얼굴은 발갛게 달아올라 있었다. 그런 내 자신이 어딘가 부끄러워 거울에서 시선을 거두고 스타일러 안쪽에 걸린 그의 재킷으로 급히 눈을 돌렸다. 재킷 안주머니에 손을 뻗자 낯선 촉감의 물건이 잡혔다. 촉감은 매우 낯설었지만 나는 그것이 무엇인지 단박에 알아챌 수 있었다. 제발 아니기를 바랐던 그것이 거기에 있었다. 전자담배. 그가 신혼 초 우리집 안방 벽에 내리쳐서 지워지지 않는 멍자국을 남겼을 때와 똑같은 전자담배였다. 허무함이 밀려왔다. 간신히 부여잡고 있던 지푸라기가 끊어져 버렸다.

나는 그에게 연민을 느끼고 내가 가졌던 분노와 미움, 내 아픔까지도 모두 뒤로한 채 어떻게든 그와 함께 살아보려고 발버둥치는데, 그는 벌써 몇 번씩이나 저버렸던 신뢰를 같은 방식으로 또다시 저버린 것이다. 나는 그에게 무엇이었을까? 눈 가리고 아웅 해도 그만인 그런 쉬운 존재였을까? 여러 생각들이 물밀듯이 밀려왔다. 숨이 턱 막히고 심장 박동수가 빨라졌다. 뭐부터 해야 할지 감이 오지 않는 순간에도 공주를 대피시키는 것이 먼저란 생각은 들었다.

"공주야, 아래층에 내려가서 먼저 할머니, 할아버지랑 저녁 먹고 있어."

"엄마는?"

공주의 물음에 애써 웃음을 지어보이며 아래층으로 내려 보냈다. 아랫집 문 여닫는 소리까지 확인하고 나서 우리집 문을 닫아 잠갔다. 엄마에겐 문자 한 통을 남겼다.

"엄마, 공주만 데리고 먼저 식사하세요. 오늘 둘이 대화할 게 좀 있어서요. 죄송해요."

전송버튼을 누르자마자 그가 샤워를 마치고 나왔다. 뭐가 그리 신났는지 콧노래를 부르는 그를 보니, 뺨이라도 대차게 한 대 날리고 싶었지만, 그러진 못했다.

"물어볼 게 좀 있어."

판도라의 상자

나의 말에서 서늘한 기운을 느꼈는지 흥얼거리던 콧노래를 이내 멈추더니 남편은 사뭇 진지한 표정으로 돌아보았다. 순진무구한 표정. 너무 가증스러웠다. 어쩜 저렇게도 사람이 뻔뻔할 수 있을까 싶었다.

"여기 좀 앉아봐."

그와 거실 한가운데 마주보고 앉았다. 싸움이 커지면 한 대 맞을 수도 있겠단 생각에 그가 손을 뻗어도 바로 닿지 않을 거리만큼을 떨어져 앉았다.

"아까 말이야. 들어올 때 나던 냄새가 이상해서…"

"아 그거, 같이 퇴근한 동생 향수 냄새 같다니까."

남편이 말을 자르고 들어왔다.

"내가 하지 말아야 할 행동인 걸 알면서 네 재킷 안주머니 좀 살폈어."

남편의 얼굴에 순간적으로 당황스러움이 맺혔다가 이내 사라졌다.

"전자담배? 그거 내 거 아니야."

"네 것이 아닌데 왜 안주머니에 들어 있어?"

내가 재킷 안주머니에서 무엇을 발견했는지 말하기도 전에 남편은 그것이 무엇인지 알고 있었고, 이미 이전에 수도 없이 써먹었던 수법을 또다시 꺼내들고 있었다.

"아까 말한 회사 동생이 맡아달라고 했어. 제수씨한테 들키면 혼난다고."

"아 그럼 너는 집에서 걸리는 게 괜찮아서 담배를 맡아줬고?"

"나는 걸릴 줄 몰랐지."

"그냥 솔직하게 말하면 어디가 덧나?"

"솔직하게 말했잖아."

"넌 공주한테 부끄럽지도 않아? 담배 피운 게 부끄럽다는 게 아니라 매번 같은 일로 똑같은 거짓말을 한다는 게… 우리 결혼생활 5년 중 1년에 적어도 2번씩은 있었고, 굳이 담배가 아니어도 넌 거짓말하는 거 뻔히 눈앞에서 걸려놓고도 단 한 번을 인정하지 않았어. 공주가 너한테서 뭘 보고 배워? 제발… 솔직하게 사는 게 그렇게 어려워? 그냥 내가 잘못했다. 내 거 맞다. 나 담배 못 끊겠다. 끊으려 노력하는데도 안 된다. 내가 할 수 있는 것은 여기까지니까 거기까지만 노력해보겠다. 그렇게 말하는 게 어려워? 넌 내가 우습니? 아주 내가 만만해? 그렇게 앞에서 말하는 거랑 뒤에서 하는 행동이랑 다른데 내가 모르니까 재밌어?"

"아… 씨… 제발 그만 좀 해! 내가 담배 못 끊겠다고 하면 네가 받아들이긴 해?"

"말은 해봤고? 타협점을 찾겠지. 지금처럼 매번 한껏 기대에 부풀어 있다가 실망하진 않겠지. 아니겠지, 안 그러겠지 하면서 철석같이 믿고 있다가 뒤통수 맞는 기분이 어떤지 네가 알기나 해?"

판도라의 상자

"맨날 내 탓이지. 그럼 나는 스트레스 어디다 푸냐? 너는 맨날 예민해서 그러고 있지. 담배도 못 피우면 나는 스트레스 어디다 푸냐고!"

"논점 흐리지 마. 지금 담배 문제 하나로 이러는 거 아니야. 너는 매번 거짓말하고, 거짓말 숨기려고 눈 가리고 아웅 하고, 들키면 절대 인정 안 하고 또 거짓말하고! 그래서 내가 더이상 너 못 믿겠다고 말하는 거야. 부부인데도 나는 네가 콩으로 메주를 쑨다 그래도 못 믿는 지경까지 왔다고. 알아들어?"

나에게 신뢰는 사랑의 또 다른 말이다. 게리 채프먼의 《5가지 사랑의 언어》라는 책에서는 사랑을 분명히 볼 수 있고, 실제 행동으로 실행할 수 있는 5가지로 나누어 말하고 있다. '인정하는 말', '함께하는 시간', '선물', '봉사' 그리고 '스킨십'이다.

나는 이 5가지 외에도 다양한 사랑의 언어가 존재한다고 생각한다. 게리 채프먼은 아마도 대표적인 5가지를 이야기하지 않았나 싶다. 세상에는 아주 많은 사람들이 살고 있고, 그 각 사람마다 다양한 사랑의 언어를 가지고 있기 때문이다.

내 관점에서는 사랑의 언어를 이해하려면 자신의 사랑의 언어가 무엇인지 정확하게 아는 것이 중요하고, 상대의 언어를 이해할 수 있어야 한다. 내 사랑의 언어가 상대에게는 전혀 사랑으로 이해되지 못한다면 나와 내 남편처럼 관계가 바닥으로 곤두박질치게 된다.

내 사랑의 언어 중 최우선은 '신뢰'다. 이것은 남편에게 연애 초부터 수도 없이 말해왔던 바다. 나는 상대를 전혀 신뢰할 수 없는 지경에 이르면 그 관계를 단칼에 종결할 수 있다. 물론 단순히 몇 번의 거짓말로 그런다는 게 아니다. 말 그대로 '신뢰도 0'으로 결론 내려지면 그 관계는 내게 더이상 어떠한 의미도 갖지 못한다. 설령 그 관계가 내 남편, 내 아이의 아빠여도 말이다.

절박한
이혼 프러포즈

　　다시 원점이다. 돌아가지 않은 것이 있다면, 내 멱살을 잡고 꾸역꾸역 삶을 끌어주던 알약엔 더이상 손대지 않았다. 잠시 잠깐의 숨통만 트이는 임시방편일 뿐 근본적인 해결책이 아님을 뼈저리게 경험했기에. 나는 결국 가족을 지켜보겠다는 알량한 자존심도, 나만 포기하고 살면 된다고 생각했던 자만심도 다 버려버렸다. 남편과 헤어져야만 숨쉴 수 있을 것 같았다. 그것만이 살 길이었다.

　　내 이혼 결심에 대해 처음 알게 된 사람은 아이러니하게도 엄마다. 엄마처럼 실패한 결혼은 하고 싶지 않다고 주둥이를 나불거리던 내가 또다시 같은 듯 다른 아픔을 엄마에게 줘버린 것이다.

　　"엄마, 숨이 막혀 살 수가 없어. 얼굴만 봐도 숨이 턱턱 막혀.

엄마... 나 좀 살고 싶어."

저녁 산책이랍시고 함께 나온 딸이 뜻밖의, 아니 어쩌면 예상했던 말을 했기 때문일까. 엄마는 아무런 말씀도 하지 않으셨다. 나는 이야기를 이어갔다.

"엄마, 사람이 살면서 내가 됐든, 다른 사람이 됐든 제발 죽었으면 좋겠다는 생각을 하면 안 되는 거잖아. 근데 나는 요즘 항상 그 생각뿐이야. '내가 죽을까? 쟤는 왜 출장 가서 안 죽고 돌아왔을까? 어떻게 하면 둘 중 하나가 죽을 수 있을까?' 이런 생각에 사로잡혀 살았어.

엄마, 개랑 나랑 둘 다 목숨부지하고 살려면 이혼하는 방법밖엔 없을 것 같아. 나 정말 많이 노력했어. 그런데, 아파. 너무 아파. 몸도 아프고 마음도 아파. 내가 없어. 세상에 나란 존재가 없는 기분이야. 엄마는 내가 엄마 딸 같아 보여? 지금까지 엄마가 알던 엄마 딸 같아 보이냐고...

나는 자신이 없어. 앞으로 이렇게 몇십 년을 더 같이 살아야 한다고? 그건 나한테 죽은 사람처럼 살라는 건데, 그렇게 생각하면 나 진짜 미쳐버릴 것 같아. 너무 우울하고 괴로워. 내가 누릴 수 있는 행복은 다 사라진 것 같은 기분이야.

직장에서 올바른 정신으로 보람찬 하루를 마치고 돌아오면 공주가 나 왔다고 들러붙고 안기고 하는데 거기까진 정말 살 것 같거든. 행복하고 좋아. 근데 개가 집에 들어오면 웃을 수가 없어.

절박한 이혼 프러포즈

개가 퇴근하고 집에 들어오는 순간 모든 것이 정전이야. 내 마음에 불이 꺼진다고. 엄마가 그랬지? 나더러 좀 웃으면서 살라고. 왜 다 죽은 사람처럼 사냐고 했잖아. 나도 그렇게 살고 싶은데 그게 내 의지대로 되질 않아. 개를 보면 숨이 막히고, 내가 갖고 있던 작고 소소한 즐거움과 행복이 다 빠져나가.

엄마도 알잖아. 나 장난치는 거 좋아하고, 얼마나 잘 웃는지, 사람들 재밌게 해주는 것도 좋아하고, 얼마나 밝고 명랑한지. 여전히 밖에서는 그런 나로 잘 지내는데 집에 들어오면 도무지 웃지를 못하겠어. 엄마, 내가 계속 이렇게 살아야 할까? 공주 때문에라도 그냥 다 참고, 내 영혼은 어디 한구석 저 멀리 나오지도 못하게 꽁꽁 묶어 숨겨두고 이렇게 불행하게 살아야 할까? 그게 공주한테도 좋은 일이야? 나는 크게 바라는 거 없어. 좀 덜 아프고, 좀만 더 행복하게 살고 싶어. 아니, 더 솔직하게는 지금 당장엔 살고 싶지 않은데, 그래도 살아야만 한다면 좀만 행복하면 안 될까?"

한 번 봇물이 터지자 멈추지 못하고 그간의 고통을 조금이나마 덜어내려는 듯 엄마에게 속사포로 뱉어냈다. 이미 얼굴은 눈물과 콧물로 범벅이 되었고, 얼마나 소리를 내어 말을 뱉어냈는지 말이 끝날 즈음엔 목이 쉬어 있었다. 아무런 말없이 듣고 있던 엄마는 내 팔을 끌어 벤치에 조용히 앉혔다. 나란히 앉은 엄마가 조용히 입을 열었다.

"내 딸, 힘들었겠네. 엄마가 옆에서 봐도 알겠던데 뭐. 얼마나 답답했을지, 네가 얼마나 잘 견디고 있는지. 엄마는 네가 참는 것보다 아프지 않는 것이 더 중요하다고 생각해. 그리고 공주도 행복하지 않은 엄마를 보는 것보다 행복한 엄마를 보고 싶을 거야. 엄마는 네가 어떤 선택을 하든 네 엄마고 널 지킬 거야. 널 응원할 거고, 네 곁에 있을 거야. 그러니까 그만 아프자."

처음이었다. "네가 예민해서 그래."라는 말을 앞세우지 않고 온전히 내 힘듦을 토닥여준 것이. 아마도 엄마는 자신이 겪은 아픔과 고통을 내가 경험하지 않길 원했을 거다. 어린 딸을 데리고 나와 홀로 세상의 모진 풍파를 견뎌낸 엄마였기에.

그 벤치에 앉아서 얼마나 더 울었는지 정확히 기억은 나지 않는다. 예상보다 더 밤늦게 집에 돌아왔다는 것과 퉁퉁 부은 눈을 보고는 공주가 "엄마 눈동자가 안 보여. 눈 감고 있어?"라고 웃으며 물었던 것이 기억난다.

엄마에게 털어놓고 나니, 어느 정도 마음과 생각이 정리됐다. 이미 2년 넘게 속으로 생각했지만, 아무에게도 말하지 않고 마음속 깊숙한 곳에 가둬두고 살았던 일이다. 오랜 시간 그 마음의 몸집이 얼마나 커져 있던지...

가장 먼저 해야 하는 일은 당사자에게 말하는 것이었다. 디데이를 정해놓고 어떻게 말해야 할지를 고민하고 또 고민했다.

"할 말 있어."

디데이에 공주를 방에 재워놓고 거실로 나와 오랜만에 얼굴을 마주하고 앉았다. 늘 웃음기 없던 그는 눈치를 보는 듯했다. 한 건물, 다른 층. 안 그래도 친정집과 가까운데, 병과 싸우고 있던 딸을 보살피고자 친정엄마의 손길이 자주 닿았기에 사실 처가살이라고 해도 무방했다. 그래서 더더욱 신경이 쓰였다. 나 나름의 배려랍시고 그에게 괜찮은지 묻자, 돌아오는 대답은 한결같았다.

"나? 괜찮아."

괜찮다고 말하는 그의 얼굴은 그늘이 드리워져 있었고, 나는 숨이 막혀 입을 떼기 어려웠지만, 오늘이 아니면 할 수 없다는 생각에 어렵사리 첫마디를 뗐다.

"너... 행복해?"

무슨 의미인지 모르겠다는 표정으로 그가 내게 되물었다.

"행복해야 해?"

'... 도대체 너라는 사람은 무엇을 위해 산단 말인가.' 혼란스러웠지만, 심호흡을 하고 말을 이어나갔다.

"나는 하나도 안 행복해. 사실 그런 지 한참 됐어. 좀 더 정확하게 말하면, 네가 없으면 행복하고, 있으면 안 행복한 것 같아. 잔인하게 들리겠지만 사실대로 말할게. 네가 옆에 있으면 숨이 막히고, 네가 없으면 그나마 좀 숨통이 트여. 그리고 나는 네가 행복한지 모르겠어. 늘 그렇게 우울한 표정으로 있는 것이... 그러니까 너도 나같이 답답하고 행복하지 않은데 우리가 억지로 함께 살 이유가 있느냐는 말인 거야. 더이상 서로에게 힘듦이 되기 전에 여기서 그만하는 게 좋지 않을까 싶어서."

나의 말을 듣고 한참을 침묵하던 그가 겨우 입을 떼었다.

"... 난 네가 원하는 거 다 해주려고 노력했어..."

어느 부분에선 맞는 말이다. 내가 친구를 만나겠다면 만나라 했고, 무언가를 사겠다 하면 사라고 했다. 하지만 내가 간절히 원했던 거짓말하지 않는 것, 잘못했을 때 솔직하게 인정하는 것만큼은 끝끝내 그러지 못했다.

"그래. 그랬겠지. 우리 가족도, 너희 가족도, 그리고 너도. 항상 내가 예민해서 그런 거라고 했잖아. 맞아. 나는 그만큼 스트레스에 취약하고, 성격도 예민해. 그만큼 신경 쓰이는 것도 많고. 그래서 나의 그런 점에 대해 미리 이야기했었고, 그러고 싶지 않으니까 네게 여러 번 부탁도 했어. 그런데 너는 번번이 같은 일로 거짓말을 반복하고 또 반복하고, 내가 그것에 대해 물으면 튀어나오는 말은 변명이고 핑계고. 그런 일들이 자꾸 반복되니까 우리 사이에 신뢰가 없어졌어. 우리 서로 이야기 안 하고 산 지도 오래됐잖아. 이렇게 같이 사는 게 무슨 의미가 있어?

나는 기댈 수 있는 사람이 필요한데 너는 수동적이어서 오히려 내게 모든 걸 기대고 있잖아. 그러면서도 본인을 수동적이라고 말하는 건 싫어하고. 그래, 내가 하나하나 꼬투리 잡는다고 생각한다면 그건 내 배려심이 부족한 탓이고, 내가 못난 탓이야. 하지만 이 집의 가장은 너라잖아. 시댁이며, 우리집이며 우리를 둘러싼 온 식구가 너 힘들까 봐 걱정하는데 정작 이 집을 꾸역꾸역 꾸려가고 있는 건 나인 듯해서 더이상은 못하겠어. 널 끌고 가느라 내 인생은 늘 뒷전이 되는 거. 그게 너무 억울해.

너도 알 거 아냐. 나 밝고 명랑한 사람인 거. 내가 어디서나 예쁨 받고 살아왔단 거 너도 알았잖아. 그런데 어느 순간 나는 배배 꼬이고 예민 덩어리에 성격이 괴팍한 사람이 되어 있더라고. 나도 이제 내가 어떤 사람인지 까맣게 잊어버렸어. 내가 이런 생각을 조금이라도 표출하면 우리 엄마, 아빠, 너희 부모님 전부 나한테 그러잖아. 그 예민함 좀 버리라고, 불평불만하지 말라고. 사는 게 다 그렇다고. 그래서 나도 그렇게 생각했어. 아, 나는 불평이 많구나. 그릇이 크지 않아서 다 품지 못하는구나. 나는 못났구나.

네가 음주운전해서 면허가 취소된 것도 술을 많이 마시는 남편을 둔 내 탓이고, 부부싸움할 때 네가 화를 주체 못해서 스스로 뺨을 때리고 안경을 집어던지고 벽을 치는, 그런 폭력적인 모습들을 보이는 것도 다 질릴 만큼 화나게 한 나 때문이라는데... 그리고 내 내면에서조차 그 모든 선택도 애초에 내 스스로 한 거 아니냐고 반문하는데 내가 무슨 좋은 생각을 하고 살겠어. 그러니까

나 좀 살려주라."

　내가 이야기를 마치자, 그는 조용히 일어나 집을 나갔다. 그가 다시 집에 들어온 건 이틀이 지나고 나서였다.

싱크대 위의
꽃

'그만했으면 좋겠다'는 내 마음을 전한 그날 밤, 아무런 대답도 없이 나간 그는 이틀 만에 집으로 돌아왔다. 어딜 다녀왔는지는 모르겠으나, 그는 이틀 전 내 절규에 대답하기는커녕 아무 말도 듣지 못한 사람처럼 행동했다. 그게 항상 그가 싸움에 대처하는 방식이다. 나는 이미 마음이 굳어졌기에 그의 의사를 물어볼까도 싶었지만, 그와 어떠한 대화도 나누고 싶지 않을 정도로 지친 상태라 입을 다물었다.

그렇게 또다시 어영부영 이틀이 지난 저녁, 평소보다 조금 늦게 퇴근한 내가 현관에 들어서자마자 공주가 마냥 신난 목소리로 한 송이 꽃을 전했다.

"엄마, 여기 꽃!"

"응? 공주야, 무슨 꽃이야?"

"아빠가 엄마 주래!"

킥킥거리며 내민 고사리 손에 쥐어진 꽃이 그가 나에게 내놓은 첫 대답이었다. 그 대답마저 본인이 직접 하지 못하고 아이를 내세운 건가 싶었다.

"저기 싱크대 위에 올려놓을래?"

공주에게 한마디 말을 남기고 방으로 들어가 옷을 갈아입었다. 작은 방에 있던 그가 슬그머니 거실로 나와 공주와 대화하는 소리가 들렸지만 애써 듣지 않으려 했다.

남편은 비겁했다. 우리 삶에 대한 진지한 위로와 대화가 아닌, 말 한마디 없이 공주를 앞세워 내민 꽃은 분명 비겁한 행동이었다.

물론 나 또한 비겁했다. 결혼 전 멈춰야겠다고 생각했을 때, 멈출 수 있는 용기가 없었다. 이미 양가 부모님께 인사를 드렸고, 주변사람들 모두에게도 알렸다. 그런 상황 속에서 '파혼'을 결정할 수 없어 결혼을 강행했다. 너와 결혼한다는 것이 그 잘못을 용서한다는 의미는 아니라고 분명히 밝혔어야 했는데, 그러질 못했다. 술을 마시면 돌변하는 그와 그를 옹호하는 시댁 식구들을 이해하지 못한 내 그릇이 작다고 해도 할 말이 없다. '지금까지 잘 살아놓고 이제 와서 뭐 하는 짓이냐' 손가락질하는 이들도 있겠지. 그럼에도 신경안정제와 우울증 치료제, 수면제가 내 머리채를 잡고 질질 끌고 오지 않았다면 이미 사달이 났을 결혼생활이었다.

싱크대 위의 꽃

결혼생활 내내 그는 내 아픔과 우울을 이해하지 못하는 듯 보였다. 아니 '이해하려 하지 않았다'라는 표현이 더 정확할지도 모르겠다. 내가 무엇이 힘들다고 말할 때마다 그는 알겠다고 고개를 끄덕이며 더 노력한다고 했지만, 같은 일들이 항상 반복됐다. 차라리 "그렇게는 못하겠다."고 솔직하게 말했으면 함께 방법을 찾거나 일말의 기대도 하지 않았을 텐데, 나는 매번 실낱같은 희망을 부여잡고 결혼생활을 유지했다.

그 와중에 부부관계를 하지 않는 내게 남편은 "도리를 다하지 않는다."라고 말했다. 나는 '부부의 도리'에 대해 고민했고, 내 결심은 더욱 확고해졌다. 한마디 대화조차 나누지 않는 상태임에도 부부관계를 맺어야 하는 게 부부의 도리일까. 부부로서의 신뢰가 무너진 상황 속에서 아내는 부단히 땅을 파고 있음에도 노력 없이 방관하는 남편의 태도는 과연 부부의 도리일까.

용기를 내어 꺼낸 힘들다는 말조차 예민한 내 탓으로 돌리던 그 도리가 싫었다. 일이 어그러질 때마다 '그래. 다 내 잘못이야' 하며 스스로를 탓하게 한 그 도리도 싫었다.

이미 수도 없이 넘어지고 다쳐서 성한 곳이 없던 나는 이런 관계에서 벗어나고 싶었다. 내 미래엔 그와 함께하고 싶은 시간들이 더이상 존재하지 않았기에.

내가 이혼을 거론한 그날부터 그가 해대는 갖가지의 애먼 행동들은 없던 정도 더 떨어지게 했다. 덕분에 '여기가 바닥인가?' 싶던 낙심에도 더 깊은 지하가 있음을 깨닫는 순간이 여러 번이었다. 이제는 설령 그가 변한다 해도 내 이런 마음이 바뀌지 않을 것이 분명했다. 그를 향한 기대도, 신뢰도, 사랑도, 인내도 모두 소진되었기 때문에 멀쩡한 척 버티는 것도 더는 불가능했다.

그는 내가 생사의 기로에서, 죽음 코앞에서 아등바등 살고 있다는 것을 이해하지 못했다. 그렇기 때문에 이번 내 결심이 그에게 '또 저러다 말겠지' 하는 작은 슬픔 정도로 보여선 안 됐다. 내 속을 아는지 모르는지 '싱크대 위의 꽃'과 같은 그만의 노력은 계속됐다. 가만히 있어서는 안 될 때엔 잘도 가만히 있더니, 이제서야 가만히 있지를 못했다.

그러던 어느 날 밤, 공주를 재우기 위해 그림책 《황소와 사자의 사랑이야기》를 읽어주다 나 혼자 펑펑 울었다.

황소와 사자가 서로 사랑에 빠지게 된다. 주변 동물 친구들은 그들의 사랑을 못 미더워하고, 어울리지 않는다며 석연치 않아 했지만, 황소와 사자에게 주변의 말들은 중요하지 않았다. 서로에 대한 확신이 강했고 서로밖에 보이지 않았기 때문이다. 결국 둘은 주변의 반대를 무릅쓰고 결혼까지 하게 된다. 황소는 자신이

싱크대 위의 꽃

사랑하는 사자에게 정성스레 밥을 차려주고 싶어서 아침 일찍부터 부지런을 떨어 이슬이 맺힌 아주 신선한 풀을 뜯어 집으로 돌아왔다. 황소의 마음엔 자신이 정성스레 준비한 채소밥상을 사자가 기쁘게 먹길 바라는 소망이 가득했다. 사자는 육식동물임에도 불구하고 황소의 그 마음과 정성을 알아주기 위해 억지로 채소를 먹는다. 그 다음날엔 사자가 산토끼를 사냥하여 황소에게 가져다주었다. 황소와 같은 마음으로. 가장 사랑하는 사람에게 가장 좋은 것을 주고 싶다는 생각으로. 황소는 피가 뚝뚝 떨어지는 산토끼를 보며 역했지만, 사자의 정성을 봐서 토끼를 먹는다. 이러한 상황들이 몇 날 며칠 지속되어 도저히 더는 먹을 수 없는 지경에 이르자, 급기야는 먹었다고 거짓말하고 상대 몰래 내다버리게 된다. 그러다 서로가 서로를 눈곱만큼도 생각하지 않는 것같이 느껴지고 갈등은 깊어졌다. 오해가 쌓이고 쌓여 결국 헤어짐을 선택한다. 이런 말을 남기면서.

"넌 정말 너무해. 내가 그동안 너를 위해 얼마나 애쓰고, 너에게 얼마나 잘해줬는데."

책을 읽어주다 말고 눈물, 콧물 다 흘려가며 엉엉 우니 공주가 "엄마, 왜 그래?" 하며 의아해했다. 가까스로 마음을 추스르고는 공주에게 "이 책은 뭘 이야기하고 싶은 걸까?" 물었다.

"음... 서로의 솔직한 마음속 이야기를 말하고 들어야 한다는 것 같은데?"

5살 난 아이도 아는 것을 우리는 몰랐다. 결국 그의 헛된 노력을 지켜만 볼 수 없었던 내가 먼저 그에게 문자했다.

"먼저 미안하다는 말부터 할게. 미안해. 하지만, 나는 너의 그 어떤 노력으로도 돌아서지 못할 것 같아. 공주를 시켜 건네는 꽃 한 송이가 아니라 너의 진심이 담긴 사과였다면 조금이나마 달리 생각했을까. 사과 한마디 없이, 또다시 어영부영 넘어가는 일은 다시는 하고 싶지 않아. 그러니까 더이상 너도 진 빠지는 노력은 하지 않았으면 해. 나는 우리의 이혼에 대해 너의 동의만 구할 뿐이야. 그러니 마음이 정해지거든 얘기해줘."

그는 나의 문자에 아무런 답장이나 대답도 하지 않고, 정말 아무 일 없는 사람처럼 지냈다. 회사를 다니고, 집에서 밥을 먹고, 또 아무렇지 않게 안방에 들어와 잠을 잤다. 지독한 불편함을 느끼는 것은 나 혼자만이란 생각이 들었다. 그가 잠을 자기 위해 안방으로 들어와 침대 밑에 이불을 펴면, 나는 침대 위에서 공주를 재우고 공주가 잠든 것을 확인한 뒤 조용히 거실로 나와 소파에서 잠을 청했다. 그러다보니 잠에 들지 못하는 날이 많아졌고, 하루가 망가지기 일쑤였다. 문자에 답이 돌아온 것은 문자를 보낸 지 열흘째 되는 날이었다.

"네 이혼 결정에 동의하겠다고 내 마음을 결정한 건 아니지만 네가 그런 말을 한 이상 경제권을 네가 갖고 있는 것은 아닌 것 같다. 이제부터 내 월급은 내가 관리할게. 공주한테 들어가고 있

싱크대 위의 꽃

던 돈이 얼마인지 계산해서 알려줘. 생활비랑 계산해서 알려주면 월급날에 맞춰서 그 금액 보내줄게."

딱 그다운 문자였다. 이젠 정말 더 떨어질 정도 없다고 생각했는데, '더'가 있었다. 결혼하면서 나에게 맡겨졌던 경제권을 박탈하면 내가 이혼에 대한 생각을 접을 거라고 생각했는지 그는 경제권 박탈이라는 나름의 초강수를 두었다. '이혼에 동의하는 것은 아니지만, 경제적인 것부터 압박하겠다'고 선언하는 것이 정상적인 걸까? 하긴, 사실 나도 정상은 아니었다. 이혼을 하려면 경제적인 부분도 생각했어야 했는데 전혀 고려하지 않았으니. 살아내는 것조차 버거웠던 내가 그럴 여유나 있었을까 싶지만, 이혼은 현실임을 피부로 느끼는 첫 순간이기도 했다.

그래도
밥은 줘야지

나는 죄인이다. 살아오면서 이런저런 죄들을 많이 지었지만, 이혼을 마음에 품은 순간부터 용서받지 못할 죄를 지은 것 같은 죄책감에 빠져들었다. 그 죄책감은 하나님을 시작으로 공주를 향하여, 나를 금이야 옥이야 길러주신 나의 부모님을 향하여, 같이 살 수 없을 만큼 미워하게 되었지만 아이러니하게도 남편을 향하여, 그의 부모님을 향하여 혹은 그 모두를 향해 있었다. 평생 다른 누군가도 아닌 남편을 죽일 듯이 미워하며 살 수 없어 이혼을 택했다는 것이 죄스러웠다. 그렇지 않으면 나 자신을 해칠 것만 같아, 살고 싶어 이혼을 결심했다지만 마음의 괴로움은 이루 말할 수 없었다. 홀가분할 줄 알았는데, 전혀 그렇지 않았다.

문득 예전에 우울증 진단을 받고 교회에 가서 하나님에게 목 놓아 호소했던 일이 생각났다. 그 길로 교회를 찾았고, 매일같이 시간이 날 때마다 교회에 갔다. 점심시간엔 회사 근처 교회에라도 가서 바닥에 납작 엎드려 울기만 했다. 어떤 말도 할 수 없었다. 이혼은 분명히 죄이기에 내가 하나님 앞에서 무슨 말을 할 수 있을까 싶었다. 그럼에도 하나님 앞에 엎드렸던 것은 내 마음의 고통을 온전히 아시는 분, 위로해주실 수 있는 분은 하나님밖에 없었기 때문이다.

엎드려 울 때마다 내가 지금까지 살아오면서 지은 죄들이 하나하나 떠올랐다. 결혼생활 동안 남편에게 지은 죄는 물론이거니와, 그 이전의 죄, 내가 얼마나 나쁘고 못된 인간이었는지가 내 마음을 쥐고 흔들었다. 나는 용서받을 수 없다는 생각이 자꾸만 내 발목을 잡았고, 그럴 때마다 더 목놓아 울었다.

"하나님 제발, 저 좀 살려주세요."

내가 할 수 있는 유일한 말이었고, 내 기도의 전부였다. 여전히 하나님은 묵묵부답이셨으나, 그럼에도 이를 악 물고 하나님께 매달리기로 했다.

―

나의 죄책감을 아는지 모르는지, '이혼에 동의하겠다는 것은 아니지만 경제권은 정리하겠다'는 그와의 동거는 지속되었다. 내 속은 타들어 가는데 그는 매우 평온해 보였고, 나에게 문자로 통보된 '경제권 정리'에 대한 이야기 이후엔 서로 말 한마디 나누지 않았다. 생존에 관련된 대화조차도 말이다. 보통 "밥 먹었어?" 같은 생존에 관련한 대화를 제외하고 하루 대화시간이 15분 이하면 정서적 이혼 상태라고 하는데, 이미 우리는 그 단계를 뛰어넘은 지 한참이었다. 그럼에도 그와의 불편한 동거는 계속되어야 했다. 그는 동거를 유지해야 하는 두 가지 이유를 들었는데, 첫 번째로 본인이 '이혼을 할지 말지 결정하지 않았다' 두 번째는 '갈 곳이 없다'였다. 물론 그는 나중에 이혼이 결정되고 나서도 집에서 퇴거하지 않았지만 말이다.

대상포진으로 시작되어 뇌혈관에 자리잡은 바이러스는 내게 '뇌경색'이라는 병을 남겼고, 언제 또다시 쓰러질지 모르는 딸이 안쓰러웠던 엄마는 고작 백만 원이라는 돈을 받고 우리 부부가 일하는 시간 동안 손녀의 양육과 다섯 식구의 살림을 모두 도맡아 하셨다. 가정도우미를 쓴다면 제값도 치르지 못할 금액이다. 나는 대상포진과 뇌경색이 찾아온 이후엔 종종 팔다리에 힘이 빠졌고, 기운을 차리는 것이 여간 어려운 일이 아니었다. 직장에서 온 에너지를 쏟아내야만 다른 생각에 빠져들지 않을 수 있었기에, 늘 집에 돌아오면 녹초가 됐다.

처음엔 엄마에게 공주의 어린이집 등원과 하원 이후부터 나의 퇴근 시간까지만 봐달라고 부탁했다. 하지만 나의 병치레 때문이긴 했으나 엄마가 대신해주는 살림의 달콤함을 맛보고 나니 엄마에게 살림은 해주지 않으셔도 된다는 말이 나오지 않았다. 그랬기 때문에 퇴근 후 저녁과 주말에는 늘 아래층에서 엄마가 차려주는 따뜻한 밥을 먹었다. 그렇게 두 집안, 다섯 식구의 빨래도 오롯이 환갑이 넘은 엄마 몫이 되어버렸다.

이혼 이야기가 오고간 뒤에도 마찬가지였다. 엄마에게도 이미 내 이혼 결심에 대해 알렸고, 이혼을 하고자 하는 이유들에 대해서도 말했기에 엄마의 시선에선 나의 남편이 곱게 보였을 리 없다. 하지만 놀랍게도 그는 늘상 하던 대로 퇴근 후 저녁과 주말 매끼니마다 빠지지 않고 내려와 함께 식사를 했다. 그와 함께 앉은 식탁에서 나는 어김없이 체했다. 나는 점점 식사자리를 피하기 시작했고, 자신의 딸을 아프게 하고도 혼자 내려와 아무렇지 않게 식사를 하는 사위에게 장모는 냉담해졌다.

10월 어느 주말 아침, 나는 일찍부터 회사에 출근할 일이 있어서 집을 비웠고, 하필이면 그때 일이 벌어졌다. 그날 저녁, 엄마에게 전해들은 전말은 이렇다.

어김없이 1층에서 주말 아침식사를 준비하고 있던 친정엄마에게 홀로 일어난 공주가 다가왔다고 한다. 2층인 우리집에서 혼자 문을 열고 계단을 내려온 것이다. 5살짜리 꼬마에게 쉽다면 쉬운 일일 수 있겠지만, 공주는 그때까지 한 번도 혼자 그리 해본 적이 없었다. 분명 내가 출근하면서 확인할 때까지만 해도 공주는 곤히 자고 있었고, 침대 밑에는 그가 자고 있었다. 공주는 천진난만한 웃음을 띠며 "할머니, 나 혼자 일어나서 내려왔어. 잘했지?" 했고, 엄마는 "아빤 뭐하고?"라고 물어보고 싶었지만, 물어보나마나 여느 때와 다름없이 자고 있을 것이 분명하여 따로 묻지 않았단다. 아침을 차리는 할머니 옆에서 조잘조잘 떠들던 공주가 갑자기 "할머니, 할머니는 아빠가 싫어?" 물었고, 엄마는 한참을 생각하다 이렇게 말했다.

"공주야, 만약에 다른 사람이 공주가 좋아하는 사람을 힘들게 하거나, 아프게 하면 마음이 어떨 거 같아?"

"음... 싫지! 속상할 것 같아."

"할머니도 마찬가지야. 엄마가 많이 아파. 엄마가 몸도 아픈데 마음은 더 아프대. 그런데 그 아픈 게 네 아빠 때문이래. 그래서 할머니가 너무 속상해. 사실 네 아빠 얼굴도 안 보고 싶어. 후... 공주야, 얘기 그만하고 밥 다 됐으니까 이제 할아버지 깨워. 식사하시라고."

그러곤 엄마가 뒤돌아 다시 식사준비를 하는데, 공주가 할아버지 방으로 가지 않고 가만히 엄마를 쳐다보다가 이내 결심한 듯 조용히, "아빠는?" 하고 묻더란다. 엄마가 아무런 대답을 하지 않자, 공주는 이런 말을 남기고 할아버지를 깨우러 갔다고 한다.

"그래도 밥은 줘야지."

엄마는 그 자리에서 망치로 머리를 한 대 맞은 것 같은 기분이었다고 했다. 5살짜리 아이도 다른 사람을, 가족을 어떻게 대하고, 어떤 마음으로 배려하며 살아야 하는지 알고 있는데, 그 애비라는 사람이 자기 자식만도 못한 것이 너무 화나기도 하고 속상하기도 했단다. 그럼에도 밉고 싫어도 아직은 함께 살고 있는 사람이니 공주의 말처럼 그래도 밥은 줘야겠다는 생각에, 공주에게 자고 있을 아빠를 불러오라고 했고 공주는 한걸음에 아빠를 깨우러 갔다.

그렇게 공주와 함께 내려온 그는 평소처럼 안녕히 주무셨냐는 말 한마디 없이 식탁에 앉아 밥을 먹곤, 감사하단 말 한마디 없이 다시 2층으로 올라갔다. 그런 사위가 꼴도 보기 싫어졌지만 엄마는 '네 딸, 내 손녀 때문에 참는다'라는 생각으로 하루하루를 버틴다고 하셨다.

그날 퇴근하고 엄마와 밤 산책을 하며 이 이야기를 쭉 듣는데 하염없이 눈물이 났다. 첫 번째는 딸이 이혼 선언을 했음에도 여전히 사위의 밥을 차려주게 만들고, 사위의 냄새나는 빨래도 다 해서 말리고 개키게까지 만든 나 자신에 대한 원망의 눈물이었다. 두 번째는 부모의 상황에 대해 특별히 말해주진 않았지만, 모든 상황을 분위기와 추측으로 조금씩 알아가고 있으면서도 자기 나름대로 견뎌내고 있을 공주를 향한 미안함의 눈물이었다. 더불어 이렇게 헌신 중이면서도 자신이 부족하여, 그리고 자신이 이혼녀이기 때문에 딸인 나도 이혼녀가 되어가는 것은 아닌지 마음을 졸이고 있는 엄마에게 너무 죄송스러워 눈물이 났다.

이 불편한 동거는 상당 기간 지속되었고, 그동안에 엄마와 나는 몸무게가 5kg 넘게 빠졌다.

발칙한 며느리

남편에게 '더이상 함께 살 수 없음'을 통보하고, 경제권을 박탈당한 후에도 시부모님은 우리의 이런 사정을 전혀 모르고 계신다는 것이 목구멍에 생선 가시가 걸린 것마냥 신경 쓰였다. 그는 자신의 부모님에게 현 상황에 대해 말씀드릴 의지도, 용기도 없어 보였다. 해외출장을 준비하는 그에게 출장 전에 시부모님께 말씀드릴 것을 요구했지만, 결국 그는 차마 입을 떼지도 못하고 출장길에 올랐다. 결국 이번에도, 아니 끝까지 이 가정의 무게는 나 혼자 짊어져야 하는구나 싶었다. 남편에게 나 혼자서라도 시부모님을 찾아뵙고 말씀드리는 게 맞는 것 같으니 어머님께 연락드리고 다녀오겠다고 문자를 남겼다.

친구 J에게는 나 혼자 시댁에 간다고 말해두었다. 나 나름의 혹시 모를 대비였다. J는 "같이 가줄까? 무슨 일 생기면 주차장에서 바로 올라갈게."라며 걱정과 우려를 표했다. "괜찮아. 혹시 몰라 스마트워치 녹음기 켜놓고 들어갈 거야."라고 최대한 씩씩하게 대답했지만, 내 목소리가 떨리고 있음이 느껴졌다.

엘리베이터의 층수가 하나씩 올라갈수록 내 심장박동수도 빠르게 올라갔다. 현관 앞에서 초인종 버튼에 손가락을 올렸다가 다시 내렸다가를 몇 번이나 반복한 뒤에야 '띵동' 하고 초인종을 울릴 수 있었다.

주말 오후였지만 아버님은 퇴근 전이셨고, 아가씨는 방 안에서 저녁약속을 준비하고 있었다. 어머님과 마주 앉았다.

"어쩐 일이니? 네가 혼자서?"

"드릴 말씀이 있어서요."

어머님 앞에서는 눈물을 보이고 않고 최대한 평정심을 유지하며 말하고 싶었다. 이미 머릿속으로 온갖 상황을 시뮬레이션해보기도 했고, 전해야 할 이야기 중 어느 것도 놓치고 싶지 않아 휴대폰 메모장에 적어두고 수시로 읽고 또 읽었었다. 부부관계가 최악인 상태였지만 어머님께는 최대한 객관적으로 전달하고자 했다. 나는 이 집의 딸이 아닌 며느리이므로, 내 편이 아닐 것은 분명했지만 말이다.

"죄송합니다."로 시작하여 연애시절부터 지금까지 있었던 일들, 어긋난 관계와 회복할 수 없는 이유, 현재 나의 상태 등에 대해 차분히 말을 이어갔다. 갑자기 어머님이 말을 끊고 큰 한숨을 쉬시며 날 빤히 보셨다. 그리곤 한말씀하셨다.

"너 지금 내 아들 욕하러 온 거니? 여기 너 혼자 와서 내 아들이 뭘 못했고, 어떤 점이 나쁘다고 하면 내가 '아, 그러니? 내 아들이 아주 나쁜 놈이구나.' 할 줄 알았어? 얘! 좀 나와 봐."

어머님은 크게 아가씨를 부르셨고, 아가씨는 곧장 방에서 나와 어머님 옆에 앉았다.

"니 오빠가 술 먹으면 개 된단다. 그게 믿기니?"

나는 개가 된다는 말을 한 적이 없다.

"오빠가? 무슨, 말도 안 돼. 오빠가 술은 많이 마셔도, 화난다고 자기 뺨을 때리고 안경을 던지고 그런다고? 공주 장난감도 던지고?"

그렇다. 아가씨는 방 안에서 내 말을 다 듣고 있었다. 어머님은 말씀을 이어나가셨다.

"걔가 술 먹고 진짜 그런 행동을 한다고 해도 결혼 전엔 안 그랬으니 결혼 후에 그런 버릇이 생긴 거고, 그럼 네 잘못이지 않니? 네가 얼마나 예민하게 굴고, 질리게 했으면 자기 뺨을 때렸을까, 널 때리지 않고. 걔가 그렇게 착한 애다. 근데 네가 와서 내 아들 나쁜 놈이라고 하는데 내가 그 말을 다 듣고 앉아 있어야 하는 거야? 그리고 담배도 그래. 회사일이 힘들고 피곤하면 남자가 한 대 정도 피울 수 있는 거지. 거짓말한다고 물고 늘어지고 얼마나 피우고 싶었으면 숨겨서라도 피웠을까. 내 아들이 불쌍하다."

어머님의 말이 맞고 틀리고를 떠나서 내가 전하고 싶은 말의 요점과 달랐다. 남편을 나쁜 놈이라고 말하고 싶은 것도 아니었고, 시부모님을 찾아와서 "당신들이 아들을 잘못 키웠습니다." 하고 질타하려는 것도 아니었다. 단지 우리 부부는 이제 더이상 서로에게서 행복을 찾을 수 없고, 감정의 골이 깊어지다 못해 끊어진 상태이며, 신뢰를 잃어 앞으로 어떠한 노력을 한다 해도 회복될 수 없다는 이야기를 하고 싶었다. 나는 아득해지는 정신을 애써 부여잡았다.

"나는 네가 정말 발칙한 것 같아. 이런 생각들을 하고 있으면서 우리랑 몇 번이나 여행을 가서 놀고, 웃고, 떠들고 그랬단 말이야? 너 정말 무서운 애구나? 소름 끼친다. 공주도 너 닮아서 예민하고 무서우면 어쩌나 싶고!"

발칙하고 무서운 며느리. 그것이 이혼의 문턱, 시댁에서 내게 붙인 꼬리표였다. 불합리하다고 느낀 매 순간마다 발칙해지고 싶었지만 그럴 수가 없었는데 말이다. 가만히 30분 정도 일방적인 비난과 질타를 견뎌내니 할 말을 다 하셨는지, 어머님은 아무런 말도 하지 않으셨다. 긴 침묵만이 공간을 채웠다. 침묵을 깬 것은 나였다.

"더이상 하실 말씀 없으시면, 제가 드리고 싶은 말씀은 다 드린 것 같아요. 저희는 올해 안으로 정리하겠습니다."

"너희가 선택한 결혼이니, 그 일도 너희가 알아서 해. 내가 말린다고 내 말 들을 것도 아니잖니?"

"죄송합니다. 이만 가 보겠습니다."

의자에서 일어나 현관 앞까지 이르자, 어머님이 다가오셔서는 갑작스레 "한 번만 안아보자." 하시며 날 당겨 안으셨다. 종전까지 하시던 날선 말과 상반되는 행동이었기에 몹시 당황스러웠지만, 어머님도 갑작스러운 상황을 마주하게 된 것이니 이해해보려 애썼다. 그리고 그것이 어머님과의 마지막 만남이었다.

진흙탕
싸움

        이윽고 해외출장에서 돌아온 남편은 그와 나의 나머지 인생의 행복을 위해서 이혼에 동의한다는 답을 주었다. 그 후 나는 차분하게 이별을 준비해 나갔다.

    이혼 서류를 가정법원에 제출하고 난 뒤에 미성년 자녀를 둔 부부에게 주어지는 3개월의 조정기간 동안 그와는 연락도, 만남도 갖고 싶지 않았다. 그랬기에 양육권, 친권, 재산 분할과 같은, 이혼할 때 반드시 정해야 하는 복잡한 문제들을 다 해결한 상태에서 이혼 서류를 제출하고 싶었다.

    이혼은 이상이 아니라 현실이기에 차분한 마음과 냉정한 이성이 필요하다. 모든 이별이 영화에 나오는 것처럼 아름다울 수만은 없기에 내 차분함과는 상관없이 현실적인 부분에서 결국 부딪힘이 생겼다. 그는 최후의 발악이라고 해도 될 정도로 제멋대로인 모습들을 보이기 시작했는데, 이것이 그의 진면목일까 싶었다.

　이미 이전의 긴 싸움들로 인해 풀어내지 못한 앙금이 서로에게 남아 감정은 격해졌고, 감정의 골도 이미 깊어진 상태였기에 이혼과정이 진흙탕 싸움이 되는 것은 순식간이었다. 나의 이혼은 나만의 문제에서 집안 간의 싸움으로까지 번졌다. 치욕스럽고 구질구질한 이야기들을 해야만 했고, 서로가 가진 약점이란 약점은 다 끄집어내야 했다.

　이혼 이야기가 나올 때부터 공주의 양육권과 친권은 모두 내가 가지기로 했다. 여자아이를 아빠가 혼자 양육하는 것은 많은 현실적인 문제에 부딪힐 수 있다는 데 남편도 동의했기 때문이다. 수월하게 양육권과 친권을 모두 가지게 되었음에도, 면접교섭권과 양육비를 결정하는 것은 별개의 문제였다.

　면접교섭권을 정할 때 남편은 공주를 매주 만나게 해달라고 요구했다. 내가 거절하자, 명절과는 상관없이 1년 동안 1박 2일 여행을 4번 다녀오겠단다. 결혼생활을 할 때도 1박 2일 여행을 그렇게 다녀본 적이 없었는데, 그 요구가 좀처럼 이해되지 않았다. 무리한 요구가 오고갔고, 결국 공주에게 들어가고 있는 기본적인 양육금액은 전혀 고려하지 않은 채, 양육비를 줄여 지급하겠다는 모습까지 보고야 말았다.

공주의 양육비 문제만으로도 합의가 되지 않는데, 재산분할에 있어서는 더욱 기가 막히는 요구와 주장이 난무했다. 그 과정에서 우리가 현재 살고 있는 집이 친정 부모님 소유의 주택이었기에 남편은 친정 부모님과도 이혼에 관한 사항들을 이야기해야만 했다. 남편은 우리의 이혼에 대해 일정 부분 부당하다 생각했고, 그 마음을 친정 부모님께 가감 없이 표현했다. "장모님이 공주를 낮 시간 동안 돌봐주시고 계셨기 때문에 그 방식이 옳지 않다는 생각이 들었어도 전 한마디 안 했습니다."라는 말은 여전히 친정엄마 가슴에 큰 못으로 박혀 있다고 한다. 지금에서야 생각해보면, 우리가 가진 것이 그리 많지도 않았는데 뭘 그렇게 서로를 잡아먹지 못해서 안달이 난 듯 상대를 깎아내리고, 뭐라도 하나 더 가지려 했나 싶다.

우리는 누구나 태어날 때 두 손을 꼭 쥐고 태어나는데, 그래서인지 사는 동안 손에 들린 어느 것 하나도 놓치기 싫어하며 두 손을 쥔 채 아등바등 살아간다고 한다. 두 손 중 한쪽 손에 든 것만 놓아도 나머지 한 손은 자유롭게 쓸 수 있음에도 우리는 움켜만 쥐고 놓을 줄은 몰랐다. 그렇게 주먹 쥔 손으로 상대의 연약한 부분을 때리기 바빴다.

두 달 이상을 두 손을 꼭 쥔 채로 서로에게 양보하지 않으려 했고, 진흙탕 싸움은 더 지저분하게 번져갔다. 그러다 문득 남편이 주기로 했던 양육권, 친권마저 빼앗으려 들면 어쩌나 싶은 생각이 들었고, 결국 타협할 수 있는 부분을 찾아 한 손을 놓아주기로 했다.

그렇게 우리는 서로를 등지기 위한 준비를 모두 마쳤다. 가정법원을 찾았고 준비한 서류들을 제출했다. 미성년 자녀가 있기에 대한민국 대법원에서 제작한 자녀 양육에 관한 40분 정도의 영상을 시청하고 각자 소감문을 적어내야 한다. 드라마에서 흔히 보던 이혼 신청서는 3개월의 숙려기간까지 모두 마치고 이혼이 확정되고 나면 구청에 제출하는 서류였다.

법원 구석진 곳에 앉아 소감문을 쓰고 있자니 드라마에서는 보여주지 않아 알 수 없었던 길고, 복잡한 이혼과정을 겪고 있는 내가 나로 느껴지지 않았다. 소감문을 제출하자, 한 시간쯤 뒤에 법원에 속한 가정 상담사님과 함께 면담해야 한단다. 전혀 예상하지 못한 일이었지만, 이제 막 6살이 되는 공주가 부모의 탓으로 감당해야 하는 것들에 비하면 이 정도 겪어내는 거야...

상담 전 작성해야 하는 질문지에는 병력사항을 기재하는 칸이 있었는데, 내가 지녔었던 우울증부터 육체의 질병까지 쭉 적어내려 가니 내 몸과 마음이 이미 만신창이가 되어 있다는 사실을 새삼 깨닫게 되었다.

상담실로 들어서자, 예전 부부상담이 실패했던 기억이 떠올라 많이 긴장되었다. 상담사님이 질문지를 바탕으로 이런저런 질문을 하시는데 역시나 내 병력사항에서 멈칫하시며 혼잣말을 하듯 작은 소리로 읽어 내려가셨다. 그리곤 남편에게 질문하셨다.

"남편분은 아내분에게 이런 아픔들이 있는지 알고 계셨어요?"

"네."

그는 잠시의 고민도 없이 즉답했다.

"그럼 아내분이 이렇게 아파하고 있을 때 남편분은 어떤 도움을 주셨나요?"

"전 물심양면으로 도와주었다고 생각합니다."

상담사님은 뭔가를 더 물으시려는 듯 입술을 살짝 떼었다가 이내 말을 하지 않으셨다. 그리곤 남편에게서 거둔 시선을 내게로 돌렸다.

"아내분, 아직도 우울증이나 강박, 불면 등으로 힘이 드시나요?"

"... 종종 그런 것 같아요. 잠은 잘 못 자는 게 맞고요."

"제가 법원에 있지 않은 날은 제 사무실에서 개인상담도 하고 있는데 한 번 찾아오세요."

상담사님은 명함을 건네주시며 "꼭 오세요."라는 말을 덧붙이셨다.

사실 상담사님과 나눈 이야기가 잘 기억나지 않는다. 상담사님이 남편의 연봉에 비해 양육비가 적다는 말씀을 하시자, 남편이 자신도 먹고 살아야 하지 않겠냐는 말을 한 뒤로 어떠한 말도 귀에 들어오지 않았기 때문이다.

그렇게 이혼상담을 마치고도 한집으로 가야만 하는 나와 그였지만, 우리는 가정법원에서 나오자마자 서로 다른 방향으로 각기 귀가했다. 그 후로도 그가 집을 구해 나가기까지 한 달여 남짓을 더 동거해야만 했다.

막장 드라마

"이번 검사 결과에서 모야모야 혈관이 뚜렷이 보이네요."

지금까지 뇌경색에 대한 추적검사를 몇 개월마다 받아 왔었고, 매년 초엔 뇌혈관 조영술을 해 왔기에 별일 아니길 바랐으나 결과는 청천벽력이었다. 분명 이전 진료에서는 모야모야병 유전자가 없고, 모야모야 혈관도 그리 뚜렷하지 않다고 했었는데...

내 인생에만 쉴 틈도 없이 폭풍이 몰아치는 기분이었다. 기나긴 터널을 지나 2주 전에야 협의이혼 신청서를 법원에 제출했는데, 오늘은 모야모야병 진단을 받았다. 그 순간 앞으로 어떻게 살아가야 할지 막막해서 눈물이 쏟아졌다. 평소와 별다를 게 없을 거라는 생각에 혼자 병원에 갔기에 모야모야병에 대해 설명해주시는 교수님의 말씀을 잘 들어야 했는데, 흘러내리는 눈물은 어쩔 도리가 없었다. 한참을 모니터 속의 내 뇌혈관 사진을 보며 설명을 이어가던 교수님이 이상함을 감지했는지, 고개를 돌려 나를 보시더니 자리에서 일어나 조용히 휴지를 건네셨다. 그리곤 모야모야병에 대한 설명을 차분히 이어가셨다.

모야모야병은 뇌에 혈액을 공급하는 경동맥 및 주요 혈관이 좁아지거나 막히면서, 주변에 아지랑이처럼 수많은 가늘고 약한 이상 혈관이 발생하는 희귀질환이다. 미세혈관 모양이 모락모락 피어오르는 연기와 비슷하다고 해서 '모야모야'(연기가 피어오르는 모습을 표현한 일본어)라고 이름 붙였다고 한다. 모야모야병이 발병하는 원인은 유전성 요인이 많다고 알려져 있으나, 뚜렷하게 밝혀지지 않았다. 발병률이 10만 명 기준 연간 0.35~0.5명인 모야모야병은 서양보다는 동아시아 지역인 일본, 한국에서 더 많이 발병되는 질병이며, 보통은 여성에게 더 많은 발병률을 보인다. 특히 유전질환으로 분류되는 이유는 가족력이 있을 경우 10~15%로 발생률이 높아지기 때문이고, 이는 일반인보다 30~40배 높은 확률이라고 한다.

모야모야병의 주요 증상은 일과성 허혈 발작 또는 뇌졸중이며, 증상 악화 요인으로는 울기, 심하게 운동하기, 뜨거운 음식 먹기, 숨이 차는 상황, 임신 등이 있다. 대부분의 모야모야병 환자들은 만성두통을 호소하고, 일시적인 마비, 감각이상, 언어장애, 어지러움 등의 증상이나 급성 뇌졸중과 같은 증상을 보이기도 하기에 반드시 치료해야 한다고 하셨다. 모야모야병은 내과 및 약물적 치료는 사실상 불가능하고 증상 완화를 위해 항경련제를 사용하거나 뇌출혈 예방을 위한 고혈압약을 사용할 수 있고, 뇌경색 재발 방지를 목적으로 항혈소판제 사용이 가능하지만 모야모야병의 진행을 예방할 수는 없기에, 유일한 치료법은 '외과적 치료'라고 하셨다. 그렇다. 여기서 '외과적 치료'란 수술을 의미한다.

나는 모야모야병의 유전자가 없음에도 발병한, 좀 특이한 케이스라고 했다. 나의 왼쪽 뇌혈관은 이미 대상포진 바이러스 때문에 주요 혈관 하나가 막혔지만, 그나마 젊기에 다른 혈관들이 애써주고 있어서 뇌경색 증상들이 많이 나타나진 않았단다. 근래에는 스트레스로 인해 팔다리에 힘이 빠져 주저앉거나, 물건을 놓치는 증상들이 자주 나타났기 때문에 빠른 수술이 필요한 상황이라 하셨다. 증상이 나타나는 곳은 오른쪽 팔다리여서 왼쪽 뇌수술을 먼저 해야겠지만, 뇌 사진으로 보았을 땐 모야모야 혈관은 오른쪽 뇌가 더 심한 것으로 보이므로 당장은 왼쪽 뇌수술부터 하고 경과를 살핀 뒤에 오른쪽 뇌수술을 하는 것이 불가피할 수도 있다는 말을 덧붙이셨다.

설명을 모두 듣고 나니, 뇌혈관 수술은 반드시 해야 한다는 것과 나는 이제 희귀질환 환자라는 것을 받아들일 수밖에 없었다. 하지만 그저 사실을 받아들였다는 것이지, 상황이 납득되거나 마음이 괜찮은 것은 전혀 아니었다.

이혼과 희귀병 진단으로 한 해를 시작한 것도 모자랐는지 시련은 한 차례 더 찾아왔다. 나는 모야모야병을 진단받아 두 차례의 수술을 받게 될 예정이라는 소식을 직장에 알렸다. 수술 날짜가 확실히 정해진 것도 아니었지만, 한 해의 업무분장이 시작되기 전에 미리 배려하는 차원에서 말씀드린 것이 오히려 내게 독이 되었다. 수술하지 않은 내 뇌는 언제 터질지 모르는 시한폭탄과도 같다며, 언제 쓰러져도 이상하지 않은 그런 사람과 함께 일하기 어렵다는 것이 리더들의 입장이었다. 나는 그저 수술하는 그 달에만 병가를 쓸 계획이었는데, 1년 휴직을 권고받았다. 한쪽 뇌를 수술하고 난 뒤 반대쪽을 수술할 때까지 무슨 일이 일어날지 모른다는 것과 나의 회복기간이 얼마나 걸릴지 모른다는 것이 이유였다.

내가 발붙이고 서 있는 여기가 현실인지 꿈인지 구별할 수 없을 만큼 마치 모든 막장을 모아놓은 드라마의 주인공이 된 것 같은 지금, 그들의 한마디 한마디가 뼈가 시릴 정도로 꽂혀댔다. 내가 직장에서 받는 월급도 없이, 이혼 후 남편이 주는 양육비로는 내 병치레를 하며 공주와 살아가기 어려웠다. 여러 걱정들이 한꺼번에 몰려와 내 감정을 헤집어 놓았다. 신파는 싫었는데...

직장 상사와의 면담이 끝난 뒤, 결국 휴직하기로 결정하고는 아무도 없는 곳을 찾았다. 서러움이 다 터져나와 엉엉 울고 싶었지만, 모야모야병 환자에게는 우는 것조차 허락되지 않는다. 모야모야병 환자들은 뇌혈관이 좁아지면서 뇌로 산소공급이 되지 않아 일시적으로 뇌 기능에 문제가 생기는 일과성 허혈발작이 잘 일어난다. 주로 울거나 감정이 격해졌을 때 호흡이 가빠지면서 뇌혈관의 폐색이 심해질 수 있는 것이다. 보통은 수분 정도 지속되다가 회복되는 경우가 대부분이지만, 증상이 호전되지 않고 한 시간 이상 지속되면 뇌졸중이 발생할 수 있다. 뇌졸중이 발생할 경우 잘 알려진 것처럼 발작이 일어나거나 편마비 증상이 올 수 있기 때문에 감정이 격해져 우는 것은 피해야 한다. 고로 나는 이를 악물고 정신을 차려야 했다. 안 그래도 스트레스로 인해 뇌경색 증상이 꽤 보이던 때였다.

인생이 폐허였다. 이혼을 했고, 희귀질환을 얻었다. 한 해에 두 번의 뇌수술을 해야 했고, 그 수술은 모두 개두수술이다. 수술이라곤 공주를 낳을 때 제왕절개한 것 외에는 해본 적이 없는데, 머리를 열어 뇌혈관을 수술한다니 겁부터 났다. 게다가 직장까지 잃다니…

그 와중에도 남편에게는 굳이 알리고 싶지 않아 모야모야병 발병과 휴직에 대해서는 끝내 비밀로 했다. 남편은 이혼신청서를 법원에 접수한 후 집을 떠나는 날까지도 친정엄마가 차려주는 밥을 잘도 먹었지만, 여전히 "잘 먹었습니다."와 "감사합니다." 같은 인사치레는 하지 않았다. 그는 본인의 짐을 챙겨 집을 완전히 떠나는 날조차 1층에서 놀던 공주를 불러 마지막 인사를 나누고는 그대로 우리 가족에게서 남이 되었다. 공주와 함께 있던 우리 부모님께 "안녕히 계세요."라는 말도 남기지 않은 채 홀연히 떠났다.

다섯 식구, 6년간의 동거는 그토록 허무하게 종결됐다. 좋은 이별은 기대도 하지 않았지만, 우리 부모님에게까지 그리 차가워야 했을까 싶다. '하긴, 무슨 좋은 마음이 있어 인사하고 싶겠냐' 하는 생각이 들어 그저 실소가 터졌다.

3부 더할 나위 없이 좋다

회복
탄력성

남편에게 절박하게 이혼 프러포즈를 한 후에도 하루도 빠지지 않고 기도했지만 하나님은 내 뜻대로 움직여 주시지 않았다. 생각해보면 내 신앙은 늘 그런 식이었다. 내가 원하는 시기에, 내가 원하는 방식대로 하나님이 답해주시길 바랐고, 그렇지 않으면 하나님은 전지전능하지 못한 분 혹은 절박한 순간마다 외면하는 분이라고 여겼다. 하나님을 내 입맛대로 맞추고 싶어 하는 신앙이었던 것이다.

이혼 이야기가 오가는 시기의 나의 기도는 "하나님, 저 이혼할 거예요. 내 인생 망했어요. 저 죽을 것 같아요."와 같은 신세 한탄이 전부였다. 사실 기도라 할 수도 없었고, 그저 내 마음이 좀 편해질까 싶어 교회를 찾아 그런 시간을 가졌던 거다. 하지만 마음이 편해지기는커녕 삶이 망가지고, 마음은 갈기갈기 찢겼다.

'하나님은 어떻게 해도 나를 만나주시지 않는구나. 탕자가 돌아오면 잔치를 베풀어 준다는데, 나는 탕자만도 못하구나.' 하는 생각에 사로잡히곤 했다. 그렇게 기도실에 가서 실컷 한탄하고 멍하니 앉아 있다 돌아오는 나날을 보냈다.

얼마 지나지 않은 주일예배, 난 평소와 뭔가가 다름을 느꼈다. 그날따라 목사님의 말씀이 친한 친구와 단둘이 대화하는 것처럼 느껴졌다. '이건 내게 말씀하시는 거야.'라는 확신이 들었다. "모든 것을 이루시는 하나님"이란 제목의 설교였는데, 본문말씀은 다윗이 사울을 피하여 굴에 있었을 때에 쓴 시편 57편이었다.

사울은 이스라엘의 왕이 된 이후, 권력에 눈이 멀어 자신의 자리를 빼앗기는 것이 두려웠고 점차 정신적으로 문제가 많아졌다. 반면 다윗은 전적으로 하나님을 의지하고, 마음의 중심을 하나님께 맞춰 죽음의 위험과 절망적인 상황 속에서도 정신을 온전히 붙들어 기도했기에 하나님께서 역사하시고 모든 것을 이루셨다.

나의 상황, 모습, 두려움을 바라보는 것이 아니라 정신줄 놓지 말고 끊임없이 기도하면 현재의 상황은 반드시 역전된다는 말씀이 귀에 꽂혔다. 목사님의 낮은 목소리가 귓가에서 울리는 것이 마치 내게 "이렇게 하면 돼." 하고 말씀하시는 것 같아 갑작스레 눈물이 났다.

목사님의 말씀은 계속 이어졌다. "자신의 힘만으로 문제를 해결하려 하면 실패합니다. 믿고 기도하는 자는 조급해하지 말고 하나님의 때를 기다려야 합니다. 조급함은 불안함을 낳고, 이는 인간적인 방법을 행하게 하는데, 그로 인해 정신적인 문제가 생길 수 있습니다."

완전히 내 이야기였다. 나는 늘 기도했으나 때는 기다리지 못했다. 그래서 결국 조급함과 불안함이 몰려왔고, 그 조급함은 인간적인 방법, 내 방식을 불러왔다. 그러다 내 방식대로 되지 않으면 화를 냈고, 우울해했고, 원망했다. 자존감은 떨어지고, 잘 살아가는 누군가를 시기 질투하기도 했다.

'회복의 하나님을 전적으로 의지하며 도전적이고 적극적인 인생을 살아가자. 하나님이 주시는 용기와 담대함으로 어둠을 물리치자. 고난과 고통이 내 삶을 망치는 걸 방관하지 말자.'

그날 이후로 예배의 말씀들은 모두 내 기도에 대한 하나님의 응답이 되었다. '왜 하나님은 침묵하시냐'고 수없이 따져 물었을 때도 하나님은 항상 말씀하고 계셨다. 목사님의 말씀을 통해, 때로는 내 주변 사람들과의 대화나 내가 보고 듣는 모든 것들을 통해 내게 지속적으로 말씀하고 계셨다. 그것이 하나님의 응답이라는 것을 내가 깨닫지 못했을 뿐이었다.

이혼하면서 죄책감이라는 큰 돌덩이가 마음을 짓눌렀고, 기도를 하면서도 죄인인 내 기도가 하나님께 닿을지 걱정됐었다. 심지어 '내가 이런저런 죄를 하도 많이 짓고 살아서 모야모야병이라는 벌이 내려진 건 아닐까' 하는 무시무시한 생각이 나를 사로잡기도 했다.

그러던 어느 날, 수요예배를 마치고 남아서 기도하고 있는데 불현듯 '예수님은 나 같은 죄인을 위해 이 땅에 오셨어.'라는 생각이 들었다.

'내가 어떤 죄를 지어도 진정으로 회개한다면, 하나님은 하나님의 자녀인 나를 사랑하시고, 용서하실 거야. 하나님의 그늘 안에 거하기만 하면, 내 죄보다 하나님의 사랑이 더 크기에 내 허물을 덮으시고 나 또한 그 사랑에 감격하여 새 사람으로 살아갈 수 있어. 끝없는 죄책감과 그로 인한 불안, 우울, 걱정, 근심과 같은 부정적인 감정들은 내 눈과 마음을 가려 하나님의 사랑을 보지 못하게 하려는 사탄의 간계야. 사탄은 나만큼이나, 어쩌면 나보다도 나의 약점을 잘 알고 있어서 교묘하게 살살 마음을 긁어 하나님을 바라보지 못하게 하고 있어.'

내가 지금까지 하나님의 말씀을 제대로 알지 못하고 살아온 것도, 마음의 병을 심히 앓았던 것도, 내 스스로 죄인이라 정죄하면서도 회개하기는커녕 죄책감에만 짓눌려 살았던 것도 하나님의 사랑에 감격하기보다 사탄의 꾐에 넘어졌기 때문이었다.

"진리를 알지니 진리가 너희를 자유롭게 하리라"(요 8:32)라는 말씀이 뼈 속 깊이까지 타고 흘렀다. 예수님의 진정한 사랑을 느끼고 마음이 자유해진 그날, 수개월 만에 깊게 잠들 수 있었다.

나를 둘러싼 상황은 전혀 달라진 것이 없는데 상황을 보는 눈이 달라지자, 바닥이던 자존감이 간밤에 배로 늘어난 기분이었다. 쓰러져 있던 자리에서 박차고 일어나니 상황도 조금씩 달라지기 시작했다. 마치 우리가 느끼진 못하지만 우리가 디디고 있는 땅 아래의 지각이 조금씩 움직이며 변하는 것처럼, 나도 작은 변화를 맞이하고 있었다.

모야모야병으로 휴직하게 되어 삶이 막막하다고 한탄했었는데 생각해보니 돈은 좀 없겠지만 언제 생길지 모르는 수술 후유증을 잘 회복할 수 있는 시간이 확보됐고, 더불어 내가 만든 결손가정으로 인해 상처받았을 공주와 보낼 수 있는 시간이 많아졌다는 것은 더할 나위 없이 좋은 점이었다. 늘 바쁜 엄마로 인해 할머니, 할아버지와 보낸 시간이 많은 아이였다. '다른 친구들처럼 엄마가 어린이집 등원을 시켜줬으면' 하는 마음이 살짝 엿보였던 때도 있었다. 휴직이 아니었으면 꿈도 못 꿨을 일인데, 좋은 기회가 생긴 거다. 게다가 친정아빠는 이혼과 발병으로 힘들어하던 나에게 1년은 본인이 공주와 나를 책임질 테니 치료에 전념하고 더이상 아프지만 말라는 말을 덧붙이셨다. 아빠는 겉차속따(겉은 차가워 보이지만 속은 따뜻한)의 전형으로 이런 따뜻한 마음이 있어도 절대 드러내지 않는 분이셨는데, "내가 네 아빠야. 무슨 걱정이야."를 온몸으로 보여주시는 것 같아 감사할 따름이었다.

다행히도 모야모야병은 산정특례제도 적용이 가능한 질병이었다. 산정특례제도의 정확한 명칭은 '본인일부부담금 산정특례'로 중증질환자 혹은 희귀질환자, 중증 난치질환자에 대해 환자가 부담하는 진료비를 경감해주는 제도를 말한다. 산정특례로 등록되면 해당질환에 대해서는 5년 동안 진료비 경감이 가능하다. 모야모야병 진단을 받았던 당시 병원에서 대리 신청을 해줬는데, 희귀병을 진단받은 직후라 그 제도에 대한 설명이 귀에 잘 들어오지 않았었다.

이전 기록을 살펴보던 중 모야모야병을 진단받던 날의 병원비 영수증을 발견하고는 내 두 눈을 의심했다. 진료비 2,300원. 상급종합병원에서 교수님께 5분 진료를 보고 나면 늘 적어도 2만 원을 훌쩍 넘던 진료비가 그날은 2,300원이었던 거다. 동네 의원에서 감기로 진료를 본 비용보다 저렴한 진료비에 웃음이 났다. 그 순간만큼은 내가 다른 질병이 아니라 '모야모야병'을 진단받은 것이 다행으로 느껴지기까지 했다. 산정특례제도의 혜택은 약국에서도 적용이 가능했던 모양이다. 매일 복용해야 하는 약을 몇 개월 치씩 구매하다 보니 늘 8만 원을 웃도는 약값을 자랑했었는데, 그날은 겨우 16,000원이 전부였다. 매번 건강보험료를 내면서도 우리나라는 세금을 왜 이렇게 많이 내냐면서 불평불만을 늘어놨었는데 이렇게 내가 혜택을 받을 줄이야.

성경말씀대로 하나님은 회복케 하셨다. 드라마틱한 회복이 아니어도 괜찮았다. 소소하지만 내 마음에 어그러짐이 풀리고, 막힌 것이 뚫리기 시작했다. 내가 만약 대상포진에 걸려 MRI를 찍어보지 않았다면, 그래서 추적검사를 하지 않았다면, 모야모야병의 조기발견도 어려웠을 거다. 이처럼 하나님은 줄곧 내 삶에 세세하게 관여하고 계셨다.

그렇다면 이미 지나간 과거들, 거기서 온 상처와 아픔들이 내 미래의 삶에 어떤 영향을 미치는지, 어떤 가치와 의미를 내포하고 있는지, 하나님은 왜 내게 그런 시련을 겪게 하셨는지를 알고 싶었다. 우리는 살면서 온갖 고난과 역경을 맞닥뜨리는데, 행복한 순간보다 불행한 순간의 강도가 더 세게 느껴지기 마련이다. 그러한 고난과 역경을 이겨내는 잠재적인 힘, 자신에게 닥친 온갖 어려움을 오히려 도약의 발판으로 삼는 힘을 '회복탄력성'이라고 한다.

이전엔 내게 몰려오는 갈등과 어려움에 그저 넘어지고 쓰러져 주저앉아 있기만 했다. 나의 내면보다는 외부에서 행복을 찾다가 실망하기를 반복했고, 그럴수록 내 체면은 점점 더 구겨졌다. 결국 계속되는 실패와 이혼, 질병, 금전적인 문제들로 인해 완전히 무너지고 나서야 하나님을 바라보게 되었고, 바로 거기서 하나님을 만났다.

나의 가장 밑바닥에서 붙들 수 있는 존재는 하나님밖에 없음을 알게 하셨다. 마치 어린아이가 넘어지고 다치면 '엄마'를 가장 먼저 찾으며 울 듯 그리하셨다. 그렇게 내 안에 두려움과 좌절을 딛고 일어서는 힘이 조금씩 생겨났고, 나에 대한 깊은 성찰과 회개로 좀 더 단단해졌다. 물론 때로는 또다시 두려워지고, 나약해져 흔들리기도 하겠지만 이제는 안다. 하나님이 내가 원하는 시간과 방법으로 응답하지 않으시더라도 늘 세밀히 인도하고 계시다는 것을, 나를 사랑하고 계시다는 것을.

이혼
커밍아웃

　　이혼 소식을 알려야만 하는 사람들이 있다. 언젠가는 알게 되겠지만, 그럼에도 불구하고 내가 직접 이야기를 전하고 싶은 사람들 혹은 전해야만 하는 사람들.

　　가족 이외에 가장 먼저 내 이혼에 대해 알린 대상은 직장 동료였다. 내가 다니던 직장은 기독교 관련 업무를 하는 곳이었기에 동료인 그녀에게 이야기를 꺼낸 것은 순전히 기도를 부탁하기 위해서였다. 이혼을 준비하던 시기, 얼굴에 그늘이 드리운 내가 걱정됐는지 그녀가 먼저 무슨 일이 있는지 물어왔고, 나는 평소 성격대로 가감 없이 내 이야기를 해 나갔다.

　　솔직하게 이야기를 하고 나자 그녀의 반응이 심상치 않았다. 다소 경직된 표정을 한 그녀의 첫마디는 "이혼은 죄잖아요."였다. "다른 방법을 생각해보는 건 어때요? 아이도 있고... 별거를 한다든지 다른 방법을 찾아보는 것도 나쁘지 않을 것 같은데…" 하며 본인의 생각을 덧붙였다. 그 말을 듣는 순간 마음이 쓰라렸다. 교회 사람들이, 많은 크리스천들이 나를 이와 같은 시선으로 바라볼 것 같았다.

하나님을 믿는 자들은 죄를 짓지 않기 위해 부단히 노력하며 살아야 하지만, 설령 누군가 죄를 지었다고 해서 그의 삶을 함부로 판단해서는 안 된다고 생각했다. 그러나 나 또한 죄를 저질러 TV, 인터넷 뉴스에 오르내리는 목사들, 크리스천들을 보면서 정죄하고, 비난했다. 그건 죄라고, 용서받을 수 없다고 손가락질하기도 했다. 하지만 반대로 누군가 내게 손가락질을 하니 견디기 힘들 정도로 아팠고, 당시에는 동료의 그 말이 하나님의 목소리처럼 다가와 죄책감에 휩싸였다.

그 동료는 결혼 2년차 신혼이었고, 부부사이가 좋기로 소문이 자자했기에 내 이야기에 공감할 수 없었을지도 모른다. 그녀는 내게 직장 선배에게 조언을 구해보라고 했다. 나는 이미 이혼을 하기로 한 상태였지만, 인생 선배, 결혼 선배, 신앙 선배의 조언을 들어보고 싶어 찾아갔다. 그 직장 선배는 삶이 기도로 다져진 분으로 정평이 나 있었기에 내 상황에 대해 신앙적으로 속시원한 대답을 들을 수 있으리라 내심 기대했다.

직장 선배와 마주앉아 잠시의 침묵이 흐른 뒤, 나는 결혼생활 전반과 내가 이혼을 준비하고 있는 이유 등에 대한 이야기를 차분히 털어놨다. 혹자들은 내가 직장 동료들에게 너무 많은 사생활을 드러내는 것에 대해 불편함을 느낄 수도 있을 것이다. 하지만 나의 근무환경이 남들과는 조금은 달랐기에 어렵지만 마음의 문을 활짝 연 것이다. '믿는 사람들에게는 괜찮아. 우린 주 안에서 형제고 자매니까.'라는 마음 속 깊은 신뢰가 내 사적인 영역까지 그들에게 드러내도 좋다고 오케이 사인을 보낸 거다. 그렇지만 내 예상과는 달리 믿는 사람들이었기에 그들의 신앙에 따라 나를 보는 시선이 더 따가웠고, 오히려 더 많은 기준과 편견, 고정관념, 잣대가 있었다. 직장 선배는 내 이야기를 다 들은 후 이렇게 말했다.

"결혼생활은 누구나 다 그래. 참고 사는 거야. 자기가 말하는 남편의 문제, 힘든 점 같은 것 우리 남편도 다 있었어."

누구나 다 참고 사는 것을 해내지 못했다고, 인내하지 못했다고 나를 비난하는 말로 들렸다. 내 상황과 아픔에 대해 듣고 이혼을 독려하거나 동의해주길 바랐던 건 전혀 아니었다. 그저 조금이라도 공감하고 위로하고 이해하려는 눈짓, 몸짓, 말 한마디를 간절히 기대했지만, 그 잠깐 대화한 것으로 나를 정죄하려고만 하는 것 같아 마음이 아렸다.

믿는 사람에게는 나의 이혼에 대해 더이상 말하고 싶지 않아졌다.

친구들은 나의 이혼을 자연스럽게 받아들여줬다. J는 결혼생활 동안, 아니 어쩌면 연애시절부터 이어온 질기고도 질긴 나의 고민들과 투덜거림을 가장 가까이에서 보고 들은 터라 "네 행복이 가장 중요한 거야."라며 묵묵히 어깨를 토닥여줬다. 다른 친구들도 마지막 모임에서 아무 말 없이 멍하니 앉아 있다가 집으로 가버린 나를 걱정하면서도 잘 이겨낼 거라 믿고 기다려줬다. 몇 개월을 연락하지 않았지만 내가 그 '무언가'를 이겨내고 정리하면 연락할 거라 믿고 나를 응원했다고 한다.

이혼 서류를 접수하고, 모야모야병 진단을 받고, 휴직 처리가 된 뒤에야 다시 친구들에게 연락했다. 다들 결혼해서 육아를 하고 있다 보니 예전에는 시간 약속을 잡는 것이 여간 어려운 일이 아니었는데, "나 너희한테 할 말 있어. 다음 주 일요일에 시간 좀 내줄래?"라는 내 문자에 친구들이 다 모였다. 그 문자 한 통으로 모두 모인 건 기적이었다고 여전히 친구들 사이에서 회자되곤 한다.

그렇게 만사 제쳐두고 모인 친구들은 내 얘기를 듣더니 시켜놓은 음식은 입에 대지도 못한 채 펑펑 울기 시작했다. 미안한 말이지만 친구들이 나보다 더 서럽게 우는 것이 위로가 됐다. 이런 나라도 들여다봐주고, 내 근황을 궁금해 하며, 내가 괜찮은지 물어오는 사람들이 있다는 데 감사했다. 그녀들의 호들갑이 내 행복이었다.

이혼 커밍아웃

어느 날, 삼손에 대한 말씀을 묵상했다. 삼손은 '나실인', 즉 하나님에 대한 헌신을 서약한 사람이었다. 그럼에도 불구하고 율법조차 제대로 지키지 않았지만, 하나님은 삼손을 사용하셨다.

하나님은 인간이 생각하지 못하고 이해하지 못하는 방법으로 일하실 때가 많다. 요셉이 형들의 시기 질투로 인해 애굽에 팔려갔지만, 애굽의 총리가 되어 결국엔 아버지 야곱과 자신의 형제들을 먹여 살린 것과 같은 일들 말이다. 이것이 악을 선으로 갚으시는 하나님의 놀라운 계획이다.

하나님은 때로는 인간의 욕심, 죄, 악함까지도 하나님의 도구로 사용하신다. 비록 내가 이혼이라는 죄를 지었지만, 남루한 이 삶을 통해서라도 어떻게 하면 하나님께 사용될 수 있을까를 고민하게 되었다. 스스로 정죄하다가 내 전부가 함몰되어 버리지 않도록, 그리고 이 부끄러운 모습일지라도 사용하실 하나님을 전적으로 의지하며 살아가야 한다. 아니, 그래야 살아갈 수 있다.

간음현장에서 잡혀 온 여인을 둘러싼 사람들에게 예수님은 "간음한 죄보다 작은 죄를 지은 사람은 돌로 치라."고 말씀하시지 않았다. 죄가 없는 사람은 돌로 치라 하셨고, 결국 그 여인을 용서하셨다. 성경에서는 이렇게 말씀하고 있다. "만일 우리가 우리 죄를 자백하면 그는 미쁘시고 의로우사 우리 죄를 사하시며 우리를 모든 불의에서 깨끗하게 하실 것이요"(요일 1:9). 내 죄를 고백하고, 진정으로 회개하면 주님의 보혈이 나를 덮으신다는 것을 마음 깊이 깨달았다.

이혼율이 아시아 1위라는 한국의 많은 교회가 이혼을 결코 용서받을 수 없는 죄로 인식하고, 여전히 이혼한 크리스천을 부정하게, 가증하게 여기는 것이 현실이다. 가정폭력, 외도, 도박, 정서적 학대, 종교와 집안의 대립 등 이혼의 사유와 그 피 말리는 과정 따위는 듣고 싶지도 않다는 듯이 귀를 닫기 일쑤다. 내 스스로는 말씀을 묵상하면서 조금씩 회복되고 있었지만, 외부에서 나를 바라보는 시선은 여전히 따가웠고 현실은 냉혹하기만 했다.

내가 이혼에 대해 마지막으로 상담한 사람은 내가 현재 출석하고 있는 교회의 담임목사님이었다. 목사님에게 내가 고민하고 있는 지점들과 신앙의 문제들, 괴로운 마음들을 털어놓자 내게 말씀 하나를 읊어주셨다.

"그러므로 내가 너희에게 이르노니 사람에 대한 모든 죄와 모독은 사하심을 얻되 성령을 모독하는 것은 사하심을 얻지 못하겠고"(마 12:31).

"이혼했다고 해서 용서받지 못하는 거 아니야. 네 말대로 간음한 여인도 용서받았고, 예수님의 보혈은 허다한 허물을 덮었어.

하나님의 사랑은 그런 거야. 생각해보렴. 네 딸이 어떤 잘못을 했다고 해서 다신 안 보고, 미워하고, 용서 안 해줄 거야? 하나님의 사랑은 네가 네 딸을 볼 때와 똑같아. 오히려 더 큰, 한없는 사랑이지. 그러니까 부담감, 치임, 부정적인 마음 갖지 마. 그런 마음은 다 사탄이 너 기도 못하게 하려고, 하나님에게서 떼어놓으려고, 네 마음 쥐락펴락하려고 연약한 부분을 공격하는 거니까. 이혼이 뭐 어때서. 당당하게 어깨 펴고 다녀."

내 마음을 찔러 아프게 했지만 그럴 의도는 아니었을 직장 동료와 선배의 말을 잊기로 했다. 그 말들을 되뇌며 스스로 상처 내기를 반복하는 것은 하나님이 원하시는 것이 아니기에. 그렇게 마음에서 덜어내고 덜어내자 진정한 회복이 일어났다.

그 후, 휴직 중인 나를 직장 선배가 찾아왔고, 예전에 본인에게 삶을 진솔하게 이야기해줬을 때 공감보다는 질책하듯 이야기한 것 같아 미안하다며 얼마나 힘들었냐고, 이제는 좀 행복하게 살라며 기도하겠노라 했다. 직장 동료 또한 비슷한 뉘앙스가 담긴 장문의 메시지를 보내왔다.

여전히 주변 사람들에게 나의 이혼을 알리고 있다. 듣는 사람들의 반응은 제각각이다. "너는 잘 극복해낼 수 있어."하며 응원하는 사람도 있고, "아이고, 어떡하니."하며 이제는 나에게 남아있지 않은 슬픔을 위로해주려는 사람도 있다. 들을 준비가 안 되어 있는 이들, 혹은 어쩌면 내 이혼에 관심 없을 이들에게 일방적으로 커밍아웃한 건 아닌지 때론 미안하기도 하다. 어떤 때는 나라는 '점'을 둘러싼 울타리 외부에 있기에 서로 소식도 모르다가 갑작스레 알게 된 내 소식에 누군가 이혼한 이유를 다정하게 물어오면 도리어 난감하여 내빼고 싶기도 하다. 시간이 흐르면 '이혼 커밍아웃'을 해야 할 상황도 줄어들겠지만, 이런 힘든 사연을 전하고 듣느라 서로 짠해하는 일은 한 번의 경험으로 꽤 족한 것 같다.

넌 나의
행복이야

　　　　　내게 남겨진 가장 어려운 숙제. 그것은 바로 공주에게 우리의 이혼을 말하는 일이었다. 많은 고민과 생각 끝에 우리 엄마가 그러하였듯 나 또한 정면 돌파를 선택하기로 했다. 어린 시절의 나와 다른 점이 있다면 공주는 계속해서 친아빠를 만나야 한다는 것이다. 나는 엄마의 이혼 후 친아버지를 만나지 못했다. 아니 만나지 않았다. 당시에 전 재산을 친아버지에게 넘기는 조건으로 나를 데리고 혈혈단신, 연고도 없는 타지로 도망치듯 떠나온 엄마였다. 내 상황은 좀 더 나은 것일지도 모른다. 혈혈단신도 아니고, 도망치지 않아도 되고, 살 곳이 없는 것도 아니었다.
　　내가 이혼을 결심하여 남편에게 이야기했을 당시, 공주의 나이는 불과 6살을 3개월 앞두고 있었다. 부모의 이혼은 어린아이가 감내하기에는 너무 큰 파도였기에 거짓으로 상황을 모면할까도 생각해봤다. 어린 자녀를 둔 이혼 가정들이 흔히 선택하는 "아빠는 멀리 출장 갔어." "아빠는 병원에 입원해서 한동안 우리 보러 못 올 거야."와 같은 6살 아이가 이해할 수 있는 말로 적당히 둘러대고 싶었다. 하지만 거짓은 또 다른 거짓을 낳기 마련이고, 나중에 돌이킬 수 없다는 걸 누구보다 잘 알고 있기에 공주에게도 솔직하게 모든 것을 말하기로 했다.

옹알이도 제대로 못하던 때부터 잠자리 독서를 해왔던 덕분일까. 감사하게도 공주는 또래에 비해 언어 이해도가 높은 편이었다. 그가 이혼에 동의하고 며칠 뒤, 나는 공주와 함께 데이트를 나섰다. 조용한 카페에서 공주가 좋아하는 딸기바나나 주스와 초코 케이크를 주문했다. 공주의 함박웃음을 보고 있자니 차마 입이 떨어지지 않았다.

"엄마, 이거 맛있어. 먹어."

"응. 많이 먹어. 좋아?"

연신 고개를 끄덕이면서 초코 케이크를 먹는 모습에 눈시울이 붉어졌다. '뭐가 그리 바빠서 이런 시간도 제대로 못 가졌을까. 이 소중한 아이에게 상처를 줘야 하다니…' 싶었지만 이대로는 아프고 우울한 엄마로, 진짜 웃음 한 번 보여주지 못하는 엄마로 살 것이기에, 마음을 굳게 먹고 천천히 입을 뗐다.

"공주야… 엄마 할 말 있어."

공주가 내 얘기를 잘 들어보겠다는 양 포크를 내려놓고 자세를 고쳐 앉았다. 공주도 내 분위기가 평소와는 다르다고 느꼈는지 그 좋아하는 초코 케이크까지 마다하고 대화에 집중하려고 눈을 반짝였다. 나는 공주의 머리를 한 번 쓰다듬고는 차분히 말을 이어갔다.

"공주야, 엄마가 많이 아파. 눈에 보이는 상처가 어디 있는 건 아닌데 마음이 많이 아프대. 그래서 매일 표정이 없고 행복을 느낄 수가 없대. 공주랑 있는 것이 엄마는 너무 좋고 즐거운데도 엄마가 아파서 그것이 행복인지 모른다는 거야. 그게 너무 속상한 거 있지. 그래서 엄마가 마음을 고쳐주는 병원에 다니고 있었거든. 엄마 마음이 왜 아픈지 보려고... 원래 엄마 아빠는 공주가 태어나기 전이나 공주가 태어날 때쯤까지는 친하게 지냈어. 그런데 살면서 오해도 많이 쌓이고, 싸우기도 많이 싸우고 그러면서 점점 사이가 멀어졌어. 그래서 엄마가 아빠를 너무 미워하게 된 거야. 얼굴을 안 보고 싶을 만큼. 서로 행복하게 해줘야 하는 사이인데 서로를 미워하고 원망하게 됐어. 그래서 이제 엄마랑 아빠는 함께 살 수가 없을 것 같아."

공주가 물었다.

"그럼 나는?"

"공주는 일단은 엄마랑 같이 사는 걸로 정했는데... 공주가 원하는 대로 하면 돼. 공주가 원래 살고 있던 곳에서 할머니랑 할아버지랑 엄마랑 살았으면 했는데, 혹시라도 아빠랑 살고 싶은 마음이 더 크다면 그렇게 해도 돼."

"... 난 엄마랑 살래."

"응... 그건 나중에 공주가 바꾸고 싶으면 그때 가서 바꿀 수도 있어."

"나 다시 케이크 먹어도 돼?"

"응. 먹어도 되지. 그럼."

다시 케이크를 먹어도 되냐는 말이 영락없는 5살이었지만, 공주는 알고 있는 것 같았다. 아빠랑 같이 살 수 없다는 말의 무게를.

공주는 나와의 대화 이후부터 부쩍 아빠에게 한없이 다정해지고 살가워졌다. 그전까지는 내가 남편을 대하는 태도에서 오는 영향이었는지는 몰라도 공주 또한 제 아빠와 데면데면할 때가 많았고, 놀다가 괜히 투정을 부리기도 했었다.

변한 것은 남편도 마찬가지였다. 나와 이혼하기로 결정한 뒤로는 공주의 모든 요구에 'YES' 하기 시작했다. 공주는 아직 5살이었기에 해도 되는 것과 안 되는 것의 구별이 반드시 필요한데, 분별력이 없는 'YES'였다. 공주는 또래에 비해 성장발육이 커서 식습관 조절이 필요했는데, 엄마는 안 된다고 하는 과자나 음료수 같은 군것질거리를 아빠가 사주곤 하니 공주에겐 한없이 좋은 아빠로 보였을지도 모르겠다.

공주의 건강과 교육을 위해서 마지못해 늘 나쁜 역할을 담당

할 수밖에 없었던 나는 이혼의 순간까지도 나쁜 엄마가 되는 것 같았다. 본인은 마지막에 좋은 아빠의 모습으로, 연민까지 느끼게 해 가면서 이 집을 떠나는 것이 마음에 들지 않아 공주에게 그의 민낯을 낱낱이 까발려주고 싶은 심정이었다. 하지만 동심을 잃지 않은 아이에게, 앞으로도 종종 아빠를 만나야 할 아이에게 내 상처를 억지로 대물림할 순 없었다.

법원을 다녀온 후, 남편의 짐들이 하나둘 정리되기 시작했다. 공주가 급격한 변화를 느끼지 않길 바랐기에 상황을 이해할 수 있도록 차근차근 이야기해줬다. 공주와 함께하는 시간도 더 늘리려고 노력했다. 모야모야병 진단으로 의도치 않게 휴직을 하게 됐으니, 그 시간을 나의 이혼으로 인해 결손가정이 된 우리집 울타리를 잘 다듬어가는 데 쓸 수 있게 되었다.

이제 공주는 6살이 됐다. 때로는 뜬금없이 제 아빠 이야기를 한다. 갑작스레 아빠 칭찬을 한다든지, 이유 없이 아빠 편을 든다든지. 그럴 때마다 나는 숨을 한 번 골라야 할 만큼 아직 내성이 생기지 않았지만, 공주가 어떤 마음으로 그런 이야기들을 하는지 알 것 같아서 그 말을 가만히 들어준다. 아빠랑 엄마랑 셋이 함께 살았으면 하는 마음. 그 마음이 안쓰럽긴 하지만, 그 말을 끝까지 들어주는 게 힘들어 '이제 포기했으면..' 하는 게 솔직한 심정이다. 공주가 그런 말을 한 날이면, 잠든 공주의 손을 잡고 기도한다.

'하나님, 제 마음의 상처가 이 아이에게 전달되지 않게 해주세요. 하나님이 사랑하시는 이 작고 소중한 딸의 삶은 누구를 원망하거나 미워하는 삶보다 사랑하고, 기쁨이 넘치게 해주세요.'

공주에게는 아빠와 따로 사는 게 부끄러운 일이 아니며, 세상에는 다양한 가족 형태가 있음을 가르쳤다. 그래서인지 공주는 가족에 대해 말해야 할 상황이 생기면, 스스럼없이 사실대로 말하곤 한다. 공주가 지금처럼 자신의 상황을 탓하지 않고 단단하게 자랐으면 한다. 그러기 위해서는 나부터 단단해지고, 인내하며 부단한 노력을 해야 한다. 공주는 내가 지켜야 하는, 내게 남겨진 행복이므로.

전남편과의
육아전쟁

 전남편이 집을 떠난 후, 공주와 방을 분리했다. 아이에게 드디어 자기 방이 생긴 것이다. 늘 나와 함께 자던 습관을 완전히 떨쳐내는 데는 3개월 남짓 걸렸다. 사실 분리수면을 성공하기까지 꽤 오래 걸릴 줄 알았는데 어떤 계기로 인해 의외로 쉽게 적응하게 됐다.

 3개월의 숙려기간이 끝나자마자 나는 첫 번째 모야모야병 수술을 받았다. 사실 모야모야병 진단 후 바로 수술받을 것을 권해주셨지만, 이혼절차를 끝내고 난 뒤 수술받는 것이 마음 편할 것 같아 몇 달을 미뤄온 것이다. 내가 모야모야병 수술을 하고 입원해 있다가 집으로 돌아온 후 며칠이 지났을까. 오랫동안 떨어진 탓인지 엄마와 함께 자고 싶다는 공주의 간곡한 부탁을 이기지 못해 함께 잠자리에 든 그날, 잠버릇이 심한 공주가 내 수술 부위를 건드리게 되었고 그것이 계기가 되어 분리수면은 순식간에 진행됐다. 엄마를 아프게 하고 싶지 않았던 공주의 예쁜 마음이 분리수면을 가능하게 한 거다. 고작 6살인 공주는 엄마랑 함께 자고 싶은 마음이 컸겠지만, 그 마음보단 엄마가 아프면 안 된다는 따뜻하면서도 성숙한 마음이 더 컸던 것 같다. 그 모습을 보니 제 나이보다 훌쩍 커버린 게 아닌가 싶어 미안하고 안쓰러웠다.

이후에도 문제없이 혼자 잠들던 공주가 어느 날부터 밤에 자다가 무섭다고 깨는 일이 잦아지기 시작했다. 공주와 잠자리 독서를 계속 해왔던 터라 분리수면을 시작한 뒤에도 공주방의 침대에 함께 누워 책을 읽어주고 푹 잠들 때까지 곁에 있다가 내 방으로 돌아오곤 했는데, 자정 즈음에 꼭 깨서는 "엄마~ 나 무서워. 엄마랑 같이 잘래." 하는 일이 거의 매일 반복됐다. 내가 "뭐가 무서운데?" 하고 물으면 허기워기, 신비아파트, 좀비 등이 자꾸 생각나서 무섭단다.

공주를 임신하고 양육하는 동안 다른 어떤 것들보다 철저하게 지켜온 원칙 중 하나가 '미디어 금식'이었다. 그렇기 때문에 공주가 말한 허기워기, 신비아파트, 좀비 등은 공주가 스스로 접할 수 없는 것들이다. 공주는 이런 것들을 찾아볼 수 있는 휴대폰도, 태블릿PC도, 컴퓨터도 접근이 어려웠기에 분명 '첫' 계기가 있었을 것이고, 그 '다음'을 돕는 조력자가 있었을 거라는 결론에 도달했다.

'허기워기'는 게임에 나오는 캐릭터로 사람을 쫓아가서 잡아먹는다. 최근에 아이들에게 인기 있는 유튜버들의 리뷰들이 속속 올라오면서 인형이나 캐릭터 상품들도 만들어져 아이들에게 인기가 높아졌다. 본래의 게임 캐릭터는 날카로운 이빨이 많고 입이 큰데다가 입안에 피가 가득하여 혐오스럽고 공포스럽게 생겼지만, 아이들을 겨냥하여 만들어낸 허기워기 캐릭터 상품은 귀여운 이미지로 포장되어 있다. 하지만 미디어, 특히 유튜브에 노출이 심한 아이인 경우 귀여운 아동용 허기워기가 아닌 본래의 게임 캐릭터 이미지까지 알고 있기도 하다.

'신비아파트'는 만화영화 전문 채널 투니버스에서 자체 제작한 애니메이션으로 매화 다른 귀신들이 등장하며, 주인공들이 귀신을 물리치는 일종의 퇴마 애니메이션이다. 일부 심약한 아이들이 보기에는 다소 무서운 장면도 포함되어 있다.

'좀비'에 대해서는 굳이 설명하지 않아도 그 모습의 흉측함이나 잔혹성 등을 봤을 때 6살 아이의 정서에 좋지 않은 영향을 끼친다는 데 동의할 것이다.

아이들에게 다양한 미디어를 접하게 하는 것에 대한 열린 마음이나 긍정적 의견들도 있다는 것은 나도 이해하고 있다. 하지만 '시청연령제한'이라는 것이 존재하는 이유가 있다. 아이들은 스펀지 같아서 보고 듣는 것을 그대로 흡수하는 경향이 있고, 무엇보다 현실과 명확히 구분하지 못하기에, 어른들이 조심할 필요가 있는 것이다.

문제가 심각해지는 것 같아 원인을 찾고 싶었고, 제일 먼저 어린이집 선생님을 찾아뵈었다. 선생님과의 상담을 통해 공주에게 '처음' 전파한 사람을 알게 되었는데, 바로 최근에 공주가 가장 자주 언급하던 어린이집 친구였다. 그 친구의 부모님도 맞벌이라 낮의 주 양육자는 외할머니인데, 엄마 아빠가 퇴근하기 전까지는 집에서 휴대폰 게임을 하거나 TV와 유튜브 영상을 시청한다고 했다. 그 친구가 어린이집에 등원하면 자신이 전날 보았던 영상들에 대한 이야기보따리를 풀었고, 딴 세상을 경험하는 듯했을 공주가 크게 관심을 보였을 거다.

그렇게 어린이집과 태권도장을 같이 다니며 오고가는 이동 차량 안에서 주구장창 괴물, 귀신, 좀비 이야기를 해왔다고 한다. 아무리 그렇다 한들 입으로 전하는 설명과 귀여운 캐릭터가 그려져 있는 학용품만으로 공주가 허기워기, 신비아파트, 좀비의 본래 모습들을 너무 구체적으로 알고 있다는 것이 이해되지 않았다. 어린이집에 태블릿PC나 휴대폰을 가지고 오는 것도 아닌데 말이다. 하지만 공주에게 다시 물어봐도 "그 친구가 말해줬다."는 말만 되풀이할 뿐이었다.

전남편과의 육아전쟁

며칠이 지나고 공주가 구내염 탓에 열이 40도까지 오를 정도로 아팠는데, 심신이 미약해진 탓인지 잠을 푹 자지 못하는 날들이 더 많아졌다. 어린이집 선생님에게 공주가 잠을 자지 못하니 무서운 이야기를 듣지 않게 특별히 잘 부탁드린다고 말씀드렸지만 소용없었다. 공주가 잠을 못 자니 덩달아 나도 잠들지 못했기에 몇 날밤을 지새웠는지 모를 어느 날, 어김없이 새벽 1시쯤 공주가 날 찾았다.

"엄마~"

"응~ 엄마 안방에 있어. 왜?"

"나 무서워. 엄마 방에 가서 잘래..."

"우리 벌써 며칠째 잠 못자고 이러고 있는 거 알지?"

"나도 알아... 근데 자꾸 생각나."

결국 나는 또다시 안방으로 달려온 딸아이를 앉혀놓고 이야기를 시작했다.

"엄마는 이해가 안 가. 친구가 말해준 것만으로 이렇게 무서워? 아니면 엄마 모르게 뭔가를 본 거야? 엄마가 그거 봤다고 혼내려는 게 아니야. 공주가 너무 무서워하니까 도와주고 싶어서 그래."

"엄마가 혼내려는 거 아닌 거 알아."

"근데 왜 엄마한테 말을 안 해줘."

"사실은..."

공주가 이어간 말은 한동안 내가 잊고 지냈던 미움이란 감정을 단숨에 끌어냈다.

"사실은... 저번에 아빠 보러 갔을 때 말이야."

공주는 본인의 아빠, 나의 전남편과 면접교섭권을 한 달에 두 번씩 착실히 이행 중이었다. 그간 면접교섭권은 오롯이 자녀의 권리라는 가정판사의 말을 마음에 새기려고 애썼다. 내게는 밉고 다시는 보고 싶지 않을지라도 공주에게는 변함없는 '아빠'였기에 그가 해외출장을 가거나 공주가 병치레하는 경우가 아닌 이상 면접교섭권은 꼭 지키고 있었다. 공주의 구내염으로 인해 면접교섭권을 진행하지 못했으니까 그 '저번에 아빠 보러 갔을 때'는 한 달쯤 전이었다.

"아빠 마지막으로 봤을 때, 내가 좀비가 뭔지 궁금한 거야. 그래서 아빠한테 좀비가 뭐냐고 물었는데, 아빠가 핸드폰으로 좀비를 찾아서 보여줬어. 좀비 사진이랑 영상이랑... 친구가 말하던 거보다 징그럽더라고... 그리고 걔가 얼마 전에 허기워기 수저통을 샀는데 거기에 허기워기가 그려져 있어 가지고, 내가 아빠한테 허기워기 인형 사달라고 말했거든. 아빠가 허기워기가 뭔지 모른다고 하면서 나 있는 데서 핸드폰으로 막 찾았는데, 그때 원래 허기워기가 어떻게 생겼는지 봤어. 엄마..."

"... 근데 왜 엄마가 물어봤을 때, 아빠랑 같이 봤다고 말 안

했어?"

"내가 말하면 엄마가 아빠 더 미워할 것 같아서... 엄마는 스트레스도 받으면 안 된다며..."

너무하다. 고작 6살짜리 아이도 '이건 잘못된 행동이다.'라고 생각하는데 38살을 먹은 전남편은 아니었나 보다. 일단 공주에게 말했다.

"엄마를 생각해줘서 고마워. 그런데 공주는 아직 어려서 보지 않아야 하는 것들이 있거든. 물론 공주도 그런 것이 궁금할 수는 있어. 그럴 때 어른들이 공주가 그것을 봐도 될지 안 될지 생각해서 공주에게 왜 안 되는지를 알려줘야 하는데, 이 부분은 아빠가 잘못한 것 같아. 엄마가 대신 사과할게. 그 괴물들을 머릿속에서 지우면 제일 좋겠지만 지우기 힘들면 엄마랑 같이 이겨내려고 노력해볼까? 방법을 찾아보자."

그리고는 어서 자자며 공주를 품에 꼭 안고서 재웠다. 가까스로 공주를 재운 뒤에도 난 쉽게 잠에 들지 못했다. 내가 할 수 있는 거라곤 전남편에게 문자를 보내는 일뿐이었다.

> 공주가 벌써 3주째 잠을 푹 못 잔다. 아파서라고만 생각했는데, 네가 생각 없이 보여준 허기워기와 좀비 때문이래. 나랑은 이혼했지만, 너는 공주의 아빠니까, 아빠로서의 역할은 잘해주기를 바라는데 네가 나한테 혼나고 미움받을까 봐, 그 이유로 3주 동안 말도 못한 공주를

생각해서라도 분별해서 행동했으면 좋겠다. 생각 없는 행동에 힘들고 지치는 건 공주고, 그걸 책임지고 양육해야 하는 건 나니까. 좋게 말로 하는 건 여기까지인 것 같다.

새벽에, 어쩌면 상대에겐 폭력적인 비난으로 들릴 수 있는 문자 한 통을 보내고 나니 마음이 더 답답했다. 그렇게 동이 틀 때까지 새근새근 잠든 아이의 이마에 손을 올리고 오늘은 더이상 깨지 않길 기도했다. 그에게서 답장이 온 것은 다음 날 아침이었다.

> 난 공주랑 그런 거 찾아 본 기억이 없는데. 이혼하기 전에 스노우카메라로 좀비 필터 같은 것이 있어서 얼굴 변형되게 사진 찍어본 게 전부야. 공주가 이제 와서 그 일이 기억나나 보네...

위와 같은 내용으로 시작하는 다소 긴 문자였는데, 첫 문장에서부터 결혼생활 내내 나를 지긋지긋하게 힘들게 했던 '자기 잘못을 인정하지 않고 변명하기'가 보여서 휴대폰을 치워버렸다. 전남편이 보낸 문자 내용이 사실이라면 공주가 거짓말을 했다는 건데, 6살짜리 아이가 꾸며냈다고 하기엔 그 진술과 상황묘사가 너무 구체적이라 그럴 순 없다는 결론에 이르렀다. 그렇다면 전남편이 자신의 실수를 덮기 위해 거짓말한 셈인데, 본인이 살아보겠다고 제 딸아이를 거짓말쟁이로 만드는 그 모습이 파렴치했다. 그런 아빠도 아빠라고 좋아하는 공주가 안쓰럽기도 하고.

    나는 엄마가 이혼하는 순간부터 친아빠를 만나지 않았지만, 공주는 어쩌면 나와는 달리 제 아빠를 내내 좋아할 수도 있고, 지속적으로 만나길 원할 수도 있다. 그렇다면 이런 육아전쟁의 순간이 계속 찾아올 수 있겠지. 이미 마음으로도, 서류상으로도 남남이 되었지만, 공주가 우리 사이에 있기에 완전한 남이 되지 못한 나는 여전히 이혼 중이다.

나는 나비

"어째 얼굴이 더 좋아진 것 같아."

요새 들어 부쩍 많이 듣는 말이다. 얼굴에 생기가 돌고, 자주 웃는다는 말을 덧붙여 듣기도 한다. 내가 그렇게 웃질 않았었나 싶다. 웃음을 되찾은 이유는 이혼으로 인하여 죽을 만큼 미워하던 누군가와 멀어졌기 때문이기도 하지만 사실 그것보다는 잃어버렸던 '나'를 되찾았기 때문이기도 하고, 꿈을 꾸고 있기 때문이기도 하다.

어렸을 적 나는 엄마의 이혼으로 많은 어려움을 겪으며 자랐지만, 한편으론 방황하고 삐뚤어진 청소년기를 보내지 않은 것만으로도 잘 이겨낸 게 아닌가 싶었다. 그건 분명 남몰래 눈물을 훔치며 새벽마다 나를 위해 기도의 끈을 놓지 않았던 엄마 덕분일 거다. 그때의 나는 세세히 알지는 못했지만 나를 둘러싼 탄탄한 울타리 속에서 의지할 수 있었던 무언가가 분명히 있었다. 그래서 나도 누군가의 탄탄한 울타리가 되어주고 싶었다. 내가 경험했기에 누구보다도 그 울타리의 역할을 잘 할 수 있을 것 같았다.

자기 의지와는 상관없이 불행한, 혹은 평범하지 않은 어린 시절을 보내는 아이들이 그 '다름'에서 오는 좌절감에 낙심하지 않도록 돕는 사람이 되고 싶었다. 20대엔 그 꿈을 구체적으로 실현할 수 있도록 단계를 밟아갔다. 그 꿈은 아이들을 만나는 것에서 그치지 않았다. 아이들이 잘 자라려면 환경이 중요하고, 그 아이들의 근본부터 잘 다듬고 다뤄야 한다. 난 결혼 전이었고, 아이를 낳아 본 적도 없었지만 누구보다 치열하게 부모의 역할과 그 중요성에 대해서 깊이 고민했다. 그리고는 꼭 가정사역도 하고 싶다는 막연한 꿈을 꾸었고, 마음에 소망을 품었다.

계획대로 일이 술술 풀리고 어딜 가나 일 잘한다는 소리를 듣자 마음에 교만함이 자랐다. 나는 내 스스로 없어선 안 되는 사람으로 정의내리기 시작했고, 내 스스로 높아지자 다른 사람들이 하찮게 보였다. 결국 애초에 깊게 자리 잡고 있지 못했던 신앙의 뿌리가 흔들렸고, 내게 오는 시련들은 내 교만함을 무너뜨렸다. 내가 하찮게 여긴 사람들에 의해서 내가 더 낮고 하찮은 존재임이 드러났고, 자존감조차 모두 무너졌다.

갖고 있던 꿈이 한여름 밤의 꿈처럼 모두 사라지자 되는 대로 살았다. 꿈을 꾸는 것은 사치였다. 하루하루를 살아내는 것조차 힘에 겨웠다. 부모의 중요성에 대해 깊이 고민했던 시절이 있었나 싶었을 만큼 고민 없이, 모래 위에 가정을 세웠다. 결국 갈등은 또 다른 갈등과 문제를 연쇄적으로 일으켰고, 내 인생은 점점 더 지하 바닥으로 끌어내려졌다. 늪에 빠진 것마냥 빠져나오려 버둥대면 버둥댈수록 더 깊이 빠져들었다. 모든 것을 잃었다 생각했고, 나라는 존재조차 잊었다. 그리고 그때, 이혼했다.

─

    이혼 후, 희귀병으로 휴직까지 하게 되자 갑작스레 시간적 여유가 생기다 보니 멍하니 창밖만 바라보는 시간이 많아졌다. 때로는 결혼생활 때와 비슷한 공허함이 몰려왔다. 마음 한구석에선 '이렇게 살 거면 뭐하러 이혼했냐?'는 소리가 들려오기까지 했다. 그때, 친구 J에게서 뭐라도 해보는 게 어떻겠냐는 권유를 받았다. 그렇게 원하던 이혼도 했는데 아무것도 못하는 잉여인간이 된 내 스스로가 안타까워 정말 말 그대로 뭐든 시작했다.

    이전부터 막연하게 브이로그를 찍고 싶단 생각을 했었기에 딱히 어떤 주제를 정하지도 않고 무턱대고 영상부터 찍었다. 그리곤 되지도 않는 편집기술이었지만 뚝딱 영상을 제작하여 유튜브에 올렸다.

    유튜브 검색창에 '이혼'이라고 치니 많은 변호사들의 영상이 모니터를 가득 채웠다. 협의이혼 잘하는 방법, 이혼 재판에서 승소하는 방법, 위자료 많이 받는 방법 등 이혼에서 우위를 점할 수 있는 노하우들이 상단에 노출됐다. 스크롤을 내리자 '이혼 브이로그'들이 속속들이 보였다. 홀린 듯이 검색창에 '이혼 브이로그'를 입력하자 생각보다 많은 이혼남녀가 자신의 이야기와 생각들을 공유하고 있었다. 예전엔 이혼을 드러내는 것이 큰 흠이었는데 세상이 바뀌긴 했나 보다.

가만히 이혼 브이로그를 보다 보니, 의연하게 살아가는 사람들의 이야기보단 전남편이나 전 아내에 대한 원색적인 비난이 난무하는 영상들이 더 많다는 것이 아쉽고 씁쓸했다. 그렇게 영상들을 하나둘씩 보고 있다 불현듯 내 채널 또한 다른 사람들에게는 '이혼녀의 하루'처럼 보일 수 있겠단 생각이 들었다. 본의 아니게 졸지에 나 또한 이혼 브이로거가 되는 건가. 그렇게 본격적으로 유튜버의 길을 걷게 되나 했지만 자극적인 콘텐츠가 난무하는 유튜브의 세계에 적응하기란 여간 어려운 일이 아니었다.

'뭐라도 해보기' 두 번째는 글을 쓰는 것이었다. 나에겐 유튜버로서 영상작업을 하는 것보다는 글쓰기가 익숙했다. 꿈이라는 것이 있던 때에는 제법 말의 전달력과 문체가 좋다는 평을 듣기도

했었기에, 나이가 들면 강연도 하고 책도 쓰는 멋진 어른이 될 수 있을 줄 알았다. 그러나 현실을 살아내기 급급하자 책 읽기도 멀리하고, 무언가를 쓰는 일도 멈췄다.

내 이야기를 사람들이 얼마나 읽어줄까. 내가 결혼으로 삶이 망가졌고, 마음 아파하다가 죽지 못해 이혼을 선택했으며, 희귀질환에 걸렸으나 수술 후 이제 좀 사람답게 살아간다는 이 신파에 관심이나 있을까 싶었지만, 누군가가 읽기를 바라는 마음으로 글을 쓰기보다 내 스스로의 정리를 위해 글을 쓰기로 했다.

'브런치스토리'에 가입부터 해두고 글을 쓰기 시작했는데, 글을 한 편 완성하고 나니 누가 읽어줬으면 하는 욕심이 스멀스멀 배꼽부터 올라와 결국 작가등록을 신청했다. 들리는 소문으로는 '브런치고시'라는 말이 있을 정도로 브런치스토리에 작가로 등록되는 일은 쉽지 않다고 한다. 고작 한 편의 글을 쓰고 브런치스토리에 작가등록을 신청하는 건 꽤 무모한 행동이었다. 그랬기에 별 기대도 하지 않았는데 며칠 뒤 작가등록이 승인되었다는 메일이 왔다. 어쩐 일로 내 인생에 잘 풀리는 일도 있나 싶었다.

브런치스토리에 작가로 등록된 뒤엔 내 이혼에 관한 이야기와 모야모야병 투병기에 관한 이야기를 쓰기 시작했다. 브런치스토리에도 이혼문학을 연재하는 작가들이 많이 있었는데, 그들의 글을 읽고 있으면 내 사연은 그다지 놀랍지도 않았다. 나에겐 거대하기만 한 내 문제를 작게 볼 수 있는 시야를 갖게 해주는 것,

글이 가진 힘 중 하나가 아닐까 싶다. 하루하루 글을 읽고 써 나가면서 내 마음도 점차 정리가 되어갔고, 전에는 보지 못했던 내 내면의 문제점들도 객관적으로 보이기 시작했다.

그러던 어느 날, 휴직을 한 이후에는 광고메일만 쌓여가던 메일함에 눈에 띄는 메일 한 통이 와 있었다. 처음에는 스팸메일인가 싶었는데 자세히 보니 브런치스토리에서 보내온 메일이다. 브런치스토리에는 작가에게 출간 제안 메일을 보낼 수 있는 시스템이 있는데, 내게 그 제안 메일이 온 것이다. 글 몇 개 없는, 작가라 부르기에도 민망한 내게 말이다. 컴퓨터 모니터를 멍하니 보다가 메일을 읽고 또 읽었다. 그리고는 출간 제안을 한 출판사부터 검색해봤다. 어안이 벙벙했다. 그 자리에서 눈을 감고 하나님께 여쭸다.

"하나님, 이거 뭘까요? 저 책 써요? 이거 해도 되는 거예요? 세상에 우연은 없다면서요. 모든 일은 하나님 계획 안에 있다고 하셨는데 저 지금 너무 헷갈려요."

일단 제안한 출판사에는 며칠 더 고민해보겠다는 답장을 보냈다. 그날 이후 머릿속은 온통 '책을 쓰냐, 마냐?'에 꽂혀 있었다. 그때마다 스치는 생각은 '너 원래 책 쓰고 싶어했잖아. 근데 뭘 망설여?'와 '그냥 내 욕심이면 어쩔 건데?'로 나뉘었다. 평소의 나라면 당장이라도 J에게 전화하여 나불거려야 직성이 풀리는데, 당시의 나는 일주일간 조용히 기도해보기로 했다.

"사람이 마음으로 자기의 길을 계획할지라도 그의 걸음을 인도하시는 이는 여호와시니라"(잠 16:9).

하나님은 그 일주일 동안 예배말씀과 묵상말씀을 통해서 잠언 16장 9절 말씀을 들려주셨다. 내가 한창 큰 꿈을 꾸고, 그 꿈을 이뤄야겠다며 대학원도 다니고 무언가를 열심히 할 때엔 도리어 그 꿈에 내 마음이 먹히고, 나만의 정의에 잠식되어 교만함이 이루 말할 수 없었다. 내가 스스로 커지고 높아지려고 하니 무엇을 계획한들 길 자체가 막히곤 했다.

이제 꿈을 다 잃고 잊고 지내자, 생각지도 못한 길이 열린 거다. 출판사 담당자와 몇 차례 미팅을 갖고, 많은 이야기를 나눴다. 담당자는 본인의 절친 이야기를 들려주셨다. 모태신앙 크리스천인 그분이 이혼을 겪으면서 평생 다니던 모교회를 떠나고, 심지어 신앙을 잃고, 회사를 관둔 채 우울증약을 털어넣으며 하루하루 버텨냈던 이야기. 그리고 그 긴 터널을 지나서 이제 조금은 회복하고 일어설 수 있게 되자, 어렵사리 꺼냈다던 말이 내 뇌리에 박혔다.

"나에게 이혼은 죽지 않고 내일을 살기 위한 선택이자 몸부림이었어. 하나님에게 더 큰 죄를 지을 수는 없잖아."

그때의 나와 너무나 똑같았다. 이런 아픔을 겪고 있을 사람들을 떠올리자 이건 하나님이 주신 기회란 생각에 나는 기회를 놓치지 않기로 했다.

크리스천이 제 이혼, 혹은 가족의 이혼을 드러내어 이야기하는 건 정말 쉽지 않다는 것을 새삼 깨닫는다. 어릴 적 내 꿈이 결코 이루기 쉬운 것이 아니었음을 이제야 몸소 알게 된 것이다. '만약 내가 이혼하지 않고, 그 꿈을 계속 꿔 왔다 해도 이룰 수 있었을까, 해낼 수 있었을까' 하는 생각이 든다.

부서지고 깨진 지금의 나도 색안경을 낀 채 편견을 가지고 다른 사람들을 대할 때가 많은데, 내가 겪어보지도 않은 다른 부부의 삶이나 가정의 문제에 대해서 어찌 깊이 공감하고 이해한다고 자신있게 말할 수 있을까.

그럼에도 분명히 하나님은 악에 받친 나의 이혼조차도 선하게 사용하실 거라는 믿음이 내 안에 있다. 아직은 좀더 '크리스천 이혼녀'로서의 삶에 의연해져야 하고, 이혼했기 때문에 겪는 모진 풍파들을 감당해내야겠지만 말이다.

내가 다시 꿈을 가질 수 있다는 것이 조금씩이지만 천천히 '나'를 되찾고 있는 것 같아 움츠러들었던 어깨를 조금은 펴 본다. 마치 살이 터지고 허물을 몇 번이고 벗어낸 번데기가 날개를 활짝 펴고 세상을 향해 자유롭게 날아가는 나비가 되어 가듯이.

더할 나위 없이 좋다

 더할 나위 없이 좋다.

 가진 것이 많아야 행복할 수 있다고 생각했다. 무언가를 잘 해내야만 인정받을 수 있고, 내가 온전해야만 사랑받을 수 있다고 여겼다.

 예전엔 하루에도 몇 잔씩 사 마시던 커피를 요즘엔 카페로 들어서다 문 앞에서 꼭 지금 이 커피를 마셔야 하는지를 고민할 정도로 아끼는 법을 배워야 하고, 다니던 회사는 휴직에 이어 권고사직까지 하게 됐지만 더할 나위 없이 좋다.

 어디선가 돼지는 신체구조상 하늘을 볼 수 없다는 말을 들은 적이 있다. 목이 늘 땅을 향해 있고, 머리는 45도 이상 들 수 없으니 제 앞에 놓인 땅만 쳐다보며 살아야 한단다. 어쩌면 한치 앞도 보지 못했던 나도 돼지 같은 인생을 살아왔던 것은 아니었나 싶은 마음에 부쩍 하늘을 올려다보는 버릇이 생겼다.

때론 집 옥상 의자에 앉아서 뭉게구름이 둥실 떠가는 것을 한참이나 바라보고 있으면 마음이 평안해진다. 삶을 살아내는 그 간에는 이런 여유를 느낄 틈이 없었다. 늘 복잡하고, 모든 것이 빨랐기에. 어느 한 자리에라도 비집고 들어가 눈치를 살피고 인정받아야 했다. 내 몫을 다하지 못하면 행복할 수 없었다. 그렇게 점점 돼지가 되어 가고 있었지만 사람인 양 살았다.

그런 돼지에게도 하늘을 볼 수 있는 기회가 있다고 한다. 바로 돼지가 자빠져 나동그라졌을 때다. 많은 사람들의 인생이, 아니 내 인생이 그래 왔지 않나 싶다. 앞만 보고, 내 앞의 현실만 보고 돼지처럼 살다가 고난과 역경 앞에서 자빠져 뒹구는 이때야 비로소 하늘을 보았다.

마음에 여유가 생기니 주변에 좋은 사람들이 속속들이 생겨났다. 아니 어쩌면 이미 내 주변에 있었는데 나의 마음문이 굳게 닫혀 있어서 인식조차 못했는지도 모른다. 교회에서 인사만 하고 지나치던 사람들과 살아가는 이야기를 하고 기도제목을 나눈다. 나를 바라보는 시선을 매번 신경쓰지 않아도 된다는 것이 이렇게 홀가분한 일이라는 것을 새삼 깨닫게 되면서 자유함이 생기고, 건강한 신앙생활이 가능해졌다.

공주와의 관계도 안정을 찾아가고 있고, 공주 또한 자신의 삶에 곧잘 적응해 나가고 있다. 공주와 더 많은 이야기를 나누고 함께 시간을 보낼 수 있는 이때가 있음에 감사하다.

또 한 번의 수술을 앞두고 있는 시점에서 조금도 두렵고 떨리지 않는다면 거짓말일 거다. 그럼에도 내 인생에서 적절한 시기에 필요한 것들이 고난과 시련을 통해서 찾아왔다. 난 지금의 시기가 주는 의미를 찾는 중이다.

얼마 전, 가족과 함께 용인 민속촌으로 나들이를 다녀오는 길에 차 안에서 두런두런 이야기를 나누다가 아빠가 "우리 가족에게 행복이 굴러들어왔으면 좋겠다." 하셨다. 그 말을 들은 공주가 이렇게 답했다.

"행복은 밖에 있는 게 아니라 마음에 있는 거야."

행복이 마음에 있는 지금, 더할 나위 없이 좋다.

<에필로그>

굳이
말하지 않은 것

나는 묻고 또 물었다.

'하루하루가 지옥 같고, 인간다운 삶을 사는 것이 불가능한 정도라면, 이 고통스러운 결혼생활을 억지로 유지한다고 해서 과연 하나님이 기뻐하실까?'

그리고 답했다.

'의심할 여지없이 하나님은 자녀들이 매일 고통 속에서 신음하며, 내일을 포기하는 것보다 행복하길, 행복해지길 바라실 거다.'

나의 가장 사적인 영역들과 속마음이 많은 사람들 앞에 책으로 노출된다는 것이 참 긴장된다. 더 솔직한 심정으로 표현한다면, 쫄린다는 말이 더 어울리는지도 모르겠다.

내 이야기에 격하게 공감하시는 바람에 전남편 욕을 하는 독자가 있다면, 통쾌하기보단 어쩐지 마음이 불편할 것도 같다. 이건 친구들과의 모임에서 전남편 욕을 하는 것과는 다른 문제이기 때문이다. 사실 글을 쓰는 내내 심장이 두근두근했고, 여전히 마음은 조마조마하다. 그럼에도 불구하고 해야만 하는 일이었기에 멈추지 않았다.

안네의 일기는 제2차 세계대전 기간 네덜란드 암스테르담에서 숨어 살던 유대인 소녀 안네 프랑크가 나치에게 발각되어 끌려가기까지 써내려간 일기다. 감수성 강하고 영리한 사춘기 소녀의 순수한 내면세계와 전쟁의 비참함을 일깨워 준 문화유산으로 가상의 친구인 일기장 키티와 대화하는 형식으로 되어 있다.

뜬금없이 안네의 일기를 언급하는 이유는 '굳이 말하지 않은 것에도 주목하는 눈' 때문이다. 안네의 일기는 비록 한 소녀의 일기이지만 문학작품으로서 그 가치가 인정되었고, 전쟁기록물로 등록되기까지 했으며, 지금까지 세계 곳곳에서 사랑받고 있다.

안네의 일기에는 숨어서 지내던 그녀와 주변인들의 일상이 담겨 있긴 하지만, 우리가 어릴 적 일기에 쓰던 "밥을 먹었다. 화장실에 갔다."와 같은 내용은 등장하지 않는다. 책을 읽는 독자들은 안네의 생리현상과 같은 아주 자잘한 일상에서는 배제된 것이다. 아마도 안네는 글의 목적과는 상관없다고 여겼기에 굳이 쓸 필요가 없었을 거다.

나 또한 그렇다. 짧다면 짧고, 길다면 긴 6년의 결혼생활 동안 좋은 시간이 전혀 없던 건 아니다. 이제는 제법 말대꾸도 할 줄 아는 공주를 낳아 기르는 동안 웃음 지었던 기억도 많다. 단지 내가 이 책을 쓰는 이유가 오랜 시간 축적된 아픔과 설움이 해소되는 과정, 그 과정 속에서 깨달은 하나님의 역사하심과 예수님의 사랑 그리고 내면의 행복을 찾아가는 것이었기에 필연적으로 내가 겪었던 내 안의 우울과 불안, 슬픔 등에 집중하여 글을 쓸 수밖에 없었다.

　이 책을 읽는 독자들의 한쪽 눈을 가린 채, 내 아픔에 집중하게 해서 격한 공감을 일으켜야 했다. 그래야 그들의 나머지 한쪽 눈이 내 잘못을 조금이라도 흐리게 볼 수 있기 때문이다.

　그 누구도 글에 드러난 편파적인 묘사들로 인하여 전남편과 시댁을 정죄하지 않길 바란다. 나 역시도 그에게는 한참을 부족하고 예민한 아내였을 것이며, 여전히 공주에게는 미안한 것 투성이인 엄마이기에.

　전후 사정을 알지 못하는 사람들이, 때로는 초면인 사람들조차 단지 '크리스천 이혼녀'라는 이유로 내 면전에 대고 비난한다든지 말로는 위로를 건네지만 경멸하는 시선을 보내는 경우가 적지 않다. 그들이 크리스천이면 더 많이 아팠고, 마음에 찔림이 있었다. 하루하루가 지옥 같았고, 사는 것이 사는 게 아니었음에도 나는 그저 '이겨내지 못한 사람, 쉽게 포기한 사람'이 되어 버리는 것만 같았다. 그것이 나를 향한 정죄가 되자, 다른 사람도 아닌 내가 나를 미워하는 악순환이 계속되었다. 그럴수록 하나님에게 하소연하는 시간이 늘어갔다.

하나님은 그런 나에게 '너 또한 너의 죄는 보지 못하고, 전남편과 시댁, 그리고 다른 사람들을 정죄하지 않냐'라는 마음을 주셨고, 그제야 그들을 향한 그리고 스스로를 향한 정죄를 멈출 수 있었다.

맹인모상(盲人摸象), 일부분을 알면서 전부를 아는 것처럼 여기는 사람이 이 책을 읽는 분들 중에는 없기를 간절히 바란다.

작가의 말

내가 좋아해서 몇 번이나 돌려보았던 노희경 작가님의 드라마에 이런 대사가 나온다.

"어머니가 말씀하셨다. 산다는 건, 늘 뒤통수를 맞는 거라고. 인생이란 놈은 참으로 어처구니가 없어서 절대로 우리가 알게 앞통수를 치는 법이 없다고. 나만이 아니라, 누구나 뒤통수를 맞는 거라고, 그러니 억울해 말라고. 어머니는 또 말씀하셨다. 그러니 다 별일이 아니라고. 하지만 그건 육십 인생을 산 어머니 말씀이고, 아직 너무도 젊은 우리는 모든 게 다 별일이다. 젠장."

삶의 고비마다 '아, 이보다 더한 것은 없겠지.'라고 생각했는데, 그 일을 겪어내고 나면 더 힘든 순간이 찾아오곤 했다. 저 드라마 대사처럼 내가 대비할 수 있도록 앞에서 다가오는 고비는 없었다. 그것은 매 순간 예상하지 못한 시기와 방법들로 찾아왔고, 그렇게 인생이란 놈에게 뒤통수를 맞곤 했다.

이혼은 물론 내 선택이었지만, 허물어지는 그 관계 속에서 드러나는 사람들의 인성과 맞닥뜨리게 되는 현실은 전혀 예상하지 못했던 것들이 많았고, 그걸 감당하는 일은 온전히 내 몫이었다. 그 와중에 희귀병 진단과 두 번의 큰 수술, 이혼으로 인하여 직장을 잃게 되는 상황들까지, 그 어떤 것도 내 계획 속엔 없던 일들이었다. 너무나 별일들이 연속되다 보니 또다시 삶이 피폐해지는 것 같고, 내 속엔 원망이 일렁이기도 했다.

그러나 그 모든 것이 불행하기만 한 것은 아니었다. 일련의 사건들을 통해서 책을 쓰게 됐고, 광야같은 내 삶에도 함께하는 사람들이 있다는 것을 알게 됐다. 누가 봐도 행복해 보이지 않는 상황에서 "나 행복해."라고 말하는 것은 큰 용기가 필요한 일이다. 어둡고 컴컴하며 안개가 자욱한 곳에서도 두 발로 딛고 서서 뚜벅뚜벅 헤치고 걸어나올 수 있음을, 불행에 익숙해지지 않기 위해서는 그 불행을 당연하게 받아들이지 않는 노력이 필요함을, 행복이라는 것은 정말 용감하고 자신을 사랑하는 사람에게 주어지는 것임을. 이 모든 것을 배우게 됐다.

계획이 틀어지는 것을 끔찍하게 견디지 못하던 나였는데 이젠 삶의 스텝이 엉키더라도 그때의 상황에 맞춰 홀가분하게 스텝

작가의 말

을 밟아보고 춤까지 춘다. 이혼의 과정이 한편으로는 내 자신과 자존감을 되찾는 여정이 됐다. 이 시간의 내가 나아지고 있는지 아직은 알 수 없음에도 지금의 내 모습에서 편안함을 느끼곤 한다. 적어도 예전보다 더 많이 웃는 사람이 됐기에 이래 봬도 행복하다고 말할 수 있다.

 쉽진 않았다. 내 이야기를 밖으로 꺼냈을 때, 누군가는 또다시 상처를 받을 수도 있고 마음 아파할 일도 있을 수 있기에. 우리 공주가 이 책을 읽게 되는 어느 순간이 온다면 그 아이에게도 역시 상처가 될 수도 있다. 그럼에도 내 이야기를 세상 밖으로 꺼내기로 한 것은 이 책을 통해서 누군가는 위로를 받고, 또 어떤 이는 용기를 얻게 되기를 바라는 마음에서였다. 혼자인 것 같은 그 차디찬 세상에도 반드시 어딘가에서 당신을 응원하고 바라보고 힘을 주는 누군가가 있다는 것을, 그러니 숨죽여 힘겨워하지 말고 당신의 두 발로 디디고 서서 한걸음 떼보기를 바란다고.

 내가 어떤 선택을 하든 믿고 기다려주는 엄마에게 참 감사한 것이 많지만 표현이 부족한 딸이어서 미안함도 많다. 그래도 이젠 소리내어 말해야겠다. 엄마가 있었기에 다 포기하고 싶었던 순간에도 포기하지 않고 끝끝내 살아낼 수 있었다고. 그리고 내 목숨과도 같은, 눈에 넣어도 아프지 않은 우리 공주. 작고 어리지만 누구보다도 슬기로운 마음으로 엄마 편이 돼주는 고마운 딸. 어제보다 한 번 더 꼭 끌어안아 줘야겠다.

올 한해는 쉬는 김에 이것저것 해보라던 J. 덕분에 글도 쓰고 그걸 계기로 이렇게 책까지 출간하게 된 것이 새삼 놀라울 따름이다. '이제는 조금은 덜 열정적으로 살아도 되는 나이'라며 내게 쓴소리도 마다않는 친구가 있다는 것이 참 고맙다. 굳이 여러 말을 하지 않지 않아도, 곁에 있는 것만으로도 든든하고 마음 따뜻해지는 Y에게도 이루 말할 수 없는 감사를 느낀다.

내 이야기에 귀 기울여주며 위로와 응원을 양껏 보내준 많은 사람들의 이름을 일일이 나열하진 않았지만, 앞으로의 인생에서 함께 걸어가며 그 고마움을 갚아나가겠다고 감히 말하고 싶다. 나도 당신의 삶에 보탬이 되어주겠다고.

그리고 출판사 오원택 차장님을 만나지 않았더라면 이 책이 쓰이지도, 만들어지지도 않았을 텐데, 그 정성과 도움에 마음 깊이 감사를 전한다.

내가 겪은 결혼생활, 이혼 과정, 삶과 내면의 이야기가 얼마나 공감이 될는지, 위로를 줄 수 있을지 알 수 없지만, 이 책이 한 번쯤은 헤어짐에 대해 생각해본 사람에게도, 이미 헤어짐을 경험한 사람에게도 들여다볼 만한 것이 되었으면 한다. 그렇다면 적어도 내게 있었던 그 일들이 내게만 국한된 값진 경험은 아닐 테니까.

2023년 12월
이레언니

이혼 후, 다시 웃다

초판인쇄 2024년 1월 19일
초판발행 2024년 1월 26일
지 은 이 이레언니
펴 낸 이 박창원
발 행 처 소북소북
주　　소 03128 / 서울시 종로구 대학로3길 29, 신관 4층(총회창립100주년기념관)
편 집 국 (02) 741-4381 / 팩스 741-7886
영 업 국 (031) 944-4340 / 팩스 944-2623
홈페이지 www.pckbook.co.kr
인스타그램 pckbook_insta
등　　록 No. 1-84(1951. 8. 3.)

책임편집 정현선　　　　　　**일러스트** 김소영
편집 오원택 김효진 박신애　**디자인** 남충우 김소영 남소현
경영지원 박호애　　　　　　**마케팅** 박준기 이용성 성영훈

ISBN 978-89-398-7004-8
값 15,000원

※ 이 출판물은 저작권법에 의해 보호를 받는 저작물이므로 무단전재와 무단복제를 할 수 없습니다.